JN069101

保育園一年生

はじめての親と子のためのお助けBOOK

［監修］

てぃ先生・今西洋介・大豆生田啓友
山下真実・はる先生・駒崎弘樹

サンマーク出版

プロローグ

4月から保育園だね
保育園の見学もそろそろ始めないとね
保活って何聞けばいいんだろ…
いよいよ仕事も復帰だし…
ちゃんと育児と仕事の両立できるのかしら…
ス
だいじょーぶ!!
先輩
わぁー!!
保育園ってありがたいよ～
保育士さんには感謝しかない
家庭だと手が回らないような遊びをしてくれるし～
「こんなこともできるようになったんだ!!」
って、ジーンとする場面がしょっちゅう!!
保育園最高ぉ!!
ズッ
先輩

あなたたち誰ですか?
シュバ
ただの通りすがりの先輩ママパパでっすぅ
ただね保育園入園とともに育児と仕事の両立生活が始まるんだけど…
勝手に話進めてるけど…
最初の1～2年は
大変だよ
ドキッ
え!?
ぜひあなたたちには越えてほしい…
プルプル
私たちの屍《しかばね》を越えていってほしい!!
え!?熱!?
また風邪引いた!!
マジ!?
イヤー!!
んあ!!
風邪うつった…
あちゃー
屍っ!?

この本は乳幼児や保育に関する専門家
急にカメラ目線
そして私たち育児経験者が「保育園一年生」のあなたたちのために
体力、精神力を削らず笑顔で子育て、仕事に励《はげ》めるように
知識や情報、ハックなどをまとめた秘伝の書…
ゴリゴリ
育児と仕事の両立をスタートさせるための
ズバーン
保育園一年生
その不安や悩み、私たちが解決します。
攻略本だよ
おー!!
起きることは防げないけど
どういうときに何が起きるか
知ってるだけでも役立つからね
ペラ
保育園一年生
先輩
すごい…
僕たち何も知らずにスタートして
ひー
白目むいてたからね
えっ
いったい何がそんなに…
まずはなんといっても…
スッ

「保育園の洗礼」がキツイ!!
うんうん（激しく同意）
風邪うつったー!!
治ったー…
また風邪うつったー!!
治ったー!…
うちは早速慣らし保育中に発熱してさ…
熱が40度もある…
くたー
治ってよかった…
イヤッホー!!
治ったと思って保育園連れてったらまた発熱…
また熱!!
ゴホ ゴホ
最初の1年間は仕事どころじゃなかったわ
うちの子は体調が悪くなると抱っこでしか寝てくれなくて…
深夜3時
妻と交代制で抱っこして親は睡眠不足…
さっ
つらい…
あと子どもはすぐ治るのに
キャハハハ
親は長引く…
しんど…
ゴホ
ゴホ
イヤー!!

子どもの感染症の中には
親にうつると重症化する
ものがあるんだけど
かわいそーにー
当時 僕は
知らなくて…
ヒーン
手足口病に
感染して
仕事を1週間
休むことに
なったよ…
ピー
40.3℃
ひーーー!!!
子どもって突然
熱が出るからね…
あっという間に
会社の有休が
なくなるん
だよね…
マジっすか!?
どっちがお迎え
行くかでよく
ケンカしたね
寝不足、体調不良で
お互いイライラ
してたしね
先輩
先輩
とにかく最初は
思うようにいかない
ことだらけで押し
つぶされそうになる…
ズーン
悩み
ぐっ
だからこそ
知っといて
ほしいんだ
ポイっ
悩み
フワ
悩みを軽く
してくれる
情報
育児と仕事を
両立させるための
情報やハックをね!!
おー!!

それに!!

先輩パパママだけのハックじゃないわよ!!

フッ
わっ!!

真っ暗になった!!

パッ
入園前、入園後2年目以降にぶつかりがちな悩みを保育界のヒーローたちが解決してくれるわ!!

えっ!? アベンジャーズみたい!!

連絡帳には何を書いたらいいの!?

保育園への行きしぶりどうしたらいい!?

そんな保育園生活全般についてはこの方!!

ズッ
現役保育士のてぃ先生!!

関東の保育士・育児アドバイザーのてぃです!!

ばっ
いつも見てます!!

続いて!!
「保育園の洗礼」についてはその予防から対処法までを…
新生児科医 小児科医の ふらいと先生 (今西洋介先生)
「ふらいと」として SNSで医療情報を 発信している 今西洋介です!!
ばっ
ニュースレター読んでます!!
保育園選びのポイントや子どもの育ちに関するお悩みについては…
キラン
「マメ先生」こと 玉川大学教授 大豆生田《おおまめうだ》啓友《ひろとも》先生
乳幼児教育学、保育学、子育て支援が専門の 大豆生田です
ばっ
マメ先生♥

子どもが体調を崩したときに利用する病児保育については…
スッ
認定NPO法人フローレンス会長 駒崎弘樹さん
認定NPO法人フローレンス会長・社会起業家の駒崎弘樹です
ばっ
こまさーーん♥
保活や保育園の事情は…
保活エキスパートの山下真実さん
育児をサポートする企業「ここるく」代表 山下真実です
ばっ
ママの味方!!
2児の母であり現役保育士でもある
親の立場と保育士の立場からアドバイスしてくれる…
はる先生
保育士歴10年超え保育園の情報を発信している はるです!!
ばっ
フォローしてます!!

我らアベンジャーズ!!
ジャ
豪華すぎるー!!
はい この本持って
はい
保育園一年生
ポフッ
育児、仕事に大変な保育園一年生たちよ!!
この本を参考に
大冒険に出発だぁ!!
がんばれー!!
60人の先輩パパママ
わっ!!何!?何!?
ビビビビビビ

育児と仕事
両立クエスト
スタート
え
ボン
入園準備
した？
連絡帳って何
書いたらいいの？
家族会議
保育士さんとの
コミュニケーション
保育園の洗礼
ゲホ
頭いた…
ゲホ
家族全滅
薬
病児保育
休みの日は預けていいか問題
？
保育園
園からの
お迎えコール
プルルル
トイトレ
お友達と
トラブル
発達の心配
？

CONTENTS

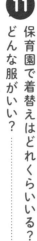

第4章 大変だけどみんなが通る道、病気のこと

もっと聞きたい！ 専門家コラム

※本書に掲載されている情報は２０２３年９月現在のものです（特記している場合を除く）。

※本書では保育所のことを保育園と表記しています。

第1章

保育園って こんなところだよ

QUESTION 1

そもそも保育園には どんな種類があるの？

大きく分けて「認可園」「認可外園」があります

山下真実
子育て支援企業ここるく代表

保育園にはさまざまな種類があり、**もっとも大きな区分けとして、「認可園」と「認可外園」があります。その名称が示す通り、国が定めた基準を満たし、自治体の認可を受けて運営されている施設が認可園。それ以外が認可外園です。**

認可園には、認可保育園、認定こども園、小規模保育園などがあります。基本的に認可園は仕事や介護などで保育にあたれない保護者に代わって保育をする施設であるため、入園にあたっては、就労証明書などを提出して「保育に欠ける事由」を証明する必要があります。

認可外には、国の基準は満たさないけれど、自治体独自の基準を満たした「認証」や「認定」と呼ばれる園とそれ以外があります。

認可外は無認可と呼ばれることもあり、言葉の響きから敬遠する人もいそうですが、開業にあたっては自治体への届出が求められていますし、中には、英語やリトミックなど独自のプログラムに注力するためにあえて認可を受けないことを選択している園もあります。**認可外にも魅力的な園がある一方、設備や人員、保育内容など、園による差が大きいのも事実。必ず見学に行くなどして、ご自身の目でしっかりと見極めることが大事です。**

待機児童解消のために保育園が増えたことなどから、現在は保育園に入りやすくなったと言われています。しかし、保護者の意識が「入れればどこでもいい」から「選んで入る」へと変わり、人気の園の倍率は高いままという現状もあります。**「この園に入れたい」という思いがある場合は、事前のリサーチも含めてしっかり保活するのが賢明です。**

どんなところが違う?

保育園の種類

保育園といっても種類はさまざま。まずは、各園の特徴を知りましょう。

	認可園	認可外園
概要	国の定める基準(施設の広さ、保育士などの職員数、給食設備、防災や衛生管理など)を満たし、自治体から認可された施設。	認可園以外の施設のことで、規模や設備状況は施設によってさまざま。
種類	● **認可保育園** 公立園と私立園がある。定員20名以上、主に0～5歳児クラス。 ※受け入れ年齢は園による。 ● **認定こども園** 幼稚園と保育園の機能を持つ。定員20名以上、主に0～5歳児クラス。 ※受け入れ年齢は園による。 ● **小規模保育園** 定員は原則6～19名。主に0～2歳児クラス。 ※2023年4月から、施設によって3～5歳児の受け入れも可能に。 ● **家庭的保育(保育ママ)** 家庭的保育者が少人数を預かる。定員1～5名、0～2歳児。 このほか、企業が主体となって運営する「事業所内保育」、0～2歳児で集団での保育が難しい子どもなどを対象とする「居宅訪問型保育」がある。	● **自治体の助成を受けている園** 自治体独自の基準を満たし、補助金を受ける保育施設。「認証」「認定」など名称はさまざま。 ● **企業主導型保育事業** 企業が設置し、国が補助金を出す保育事業。企業の従業員以外の子どもも利用できる。 ● **そのほかの認可外園** 公的な補助金なしで運営されている保育施設。設備や保育の質、保育時間などの面で差が大きい。
入園条件	自治体から「保育の必要性の認定」を受ける必要がある。	「保育の必要性の認定」は不要。
保育料	自治体ごとに決められている。 0～2歳児クラスは収入に応じて額が変わる(上限あり/住民税非課税世帯は無料)。3～5歳児クラスは無料。	施設ごとに決められている。 3～5歳児クラスは月3.7万円まで無料(要件あり)。自治体独自の助成制度も。
申込方法	原則、住民票のある自治体に希望する園に順位をつけて申し込む。	各施設に直接申し込む。先着順の園が多いが、選考方法はさまざま。
保育の指針	「保育所保育指針」をベースに各園の保育方針に沿って運営されている。公立よりも私立のほうが個性が出やすい傾向。 ※認定子ども園では「幼保連携型認定こども園教育・保育要領」に則って運営される。	「保育所保育指針」を重視するが園による違いが大きい。
メリット・デメリット	[メリット] ・人員数、管理面などに基準があり、一定の質が担保されている。 ・保育料が比較的安い。 [デメリット] ・保護者が就労していない世帯では、入園が難しい。 ・定員があり、人気のある園には入れないこともある。	[メリット] ・就労にかかわらず入園できる。 ・習い事など独自のサービスがある園も。 [デメリット] ・保育料が比較的高額。 ・施設を見極める力がより必要。

［認可園］

認可保育園

**自治体の認可を受けた
公立・私立園**

施設の広さ、保育者の配置、設備面など国の定める基準を満たし、自治体の認可を受けて運営される定員20人以上の園のこと。自治体が設置・運営する「公立」と民間が運営する「私立」がある。園庭があるなど施設規模が大きいところが多い。親の就労状況に応じて長時間預かってもらえる園も多く、保育料が比較的安いことから認可園を希望する人は多い。

認定こども園

**保育園と幼稚園のよさを
あわせ持つ**

保育園と幼稚園のよさをあわせ持ち、保育と教育を一体的に行う施設のことで、国の定める基準を満たし、自治体の認定を受けて運営されている。もともと認可保育園や幼稚園だったところが認定こども園に移行していることが多く、園庭が確保されているなど施設・設備面が充実している園が多い。

小規模保育園

**少ない人数で
のんびりとした園生活**

定員は原則6～19名。これまで待機児童の多い0～2歳児を対象に運営されてきたが、2023年4月以降、ニーズに応じて事業者が5歳児まで受け入れることが可能となった。これにより3歳児での転園の不安は解消されるが、認可保育園なども入りやすくなっているので状況を見て判断するのがおすすめ。

家庭的保育（保育ママ）

**乳幼児期を家庭的な
雰囲気の中で過ごせる**

通称「保育ママ制度」と呼ばれ、研修を受けた家庭的保育者が保育用に準備した自宅の一室などで、原則0～2歳児を預かる。家庭的保育者1人につき3名まで、保育補助者がいる場合は5名まで受け入れが可能。

［認可外園］

自治体の助成を受けている園

**都市部の自治体が認証や
認定をした園**

施設の広さや設備など国の基準には満たないが、自治体の基準を満たした園に認証や認定を与えて運営費を助成。待機児童の多い一部自治体の取り組みで、東京都「認証保育園」、横浜市「横浜保育室」、千葉市「千葉市保育ルーム」などがある。

そのほかの認可外園

就労に関係なく入園できる

認定や認証はないが、開園する際には自治体に届け出る必要がある。無認可と呼ばれることもあり悪い印象を持たれがちだが、都市部を中心に教育やスポーツに力を入れた個性的な認可外園が増えている。公的な助成はなく、親が支払う保育料のみで運営される。

山下

保育園について もっと知りたい！Q&A

Q1

認可園は公立と私立で違いがある？

認可保育園には、「公立」と「私立」があります。大きな違いは、公立は市区町村が設置・運営する園で、先生たちは自治体の職員、いわゆる地方公務員だということ。3～4年単位で異動があるため、園ごとの差が出にくい傾向にあり、保育の質も均一化しやすいと言われています。私立は、主に社会福祉法人やNPOなど民間法人が運営する園です。法人ごとに理念やカラーがあり、独自に職員を採用できるので認可園であっても多様な特色を持つ園があります。このほかに、「公設民営」といって、設置は市区町村が行い、運営・採用を民間法人に委託している園もあります。

Q2

「○○教育」「○○式」など さまざまな教育法を取り入れている 園も。どんな種類がある？

有名な教育法には、イタリアの医師で教育家のマリア・モンテッソーリが考案したモンテッソーリ教育、ドイツの哲学者ルドルフ・シュタイナーが開発したシュタイナー教育などがあります。これらを取り入れているのは主に認可外保育園や一部の私立認可園です。教育法と名はつかなくても、スポーツや英語教育、あるいはどろんこ遊びに特化した園、アート、空手、フラッシュ暗算など習い事の充実した園、受験対策のカリキュラムに取り組める園もあります。ただ、教育法やサービスの充実度よりも見極めるべきはあくまで保育の質です。

Q3

モンテッソーリ教育を行う園は やっぱりいいの？

モンテッソーリ教育を掲げている園でも、実際の取り組み具合はさまざま。着替えや食事などが一通りできるようになる0～2歳児クラスにおいて子どもとじっくり丁寧にかかわる園では、モンテッソーリの取り組みとほぼ変わらないこともあります。また、園と家庭で対応が大きく異なると子どもは混乱するので、子育ての方針と合っているかも重要なポイントです。

Q4

保育園の方針よりも、結局は保育士さん次第？

いい保育士さんがいるからいい園とは限らないのが難しいところです。保育園の方針を実践するためには、園全体でいかに情報共有がなされているか、保育士さん同士の連携や風通しのよさはどうか、研修制度はしっかりしているかなど、さまざまな要素が絡んできます。ただ、いい保育士さんがいれば、周りもよい影響を受けて保育の質の向上につながりやすいのも確かです。

Q5

ベテランの保育士さんが多い園が安心？

年齢やキャリアのみで判断するのはおすすめしません。現在は子どもの主体性を育む保育が主流ですが、号令式の保育からマインドセットを切り替えられないベテラン保育士さんもいます。若くても独身でも、一人ひとりの子どもを丁寧に見られる保育士さんはいますし、子どもと年齢が近いことは子どもの目線に立ったり感覚を共有したりする上ではアドバンテージでもあります。保育士さんが子どもとどうかかわっているかをしっかり見るようにしましょう。

Q6

延長保育が利用しやすい園は？

職員の配置基準などによって、延長保育で預かれる子どもの人数は決まっています。定期的な利用者の多い園では、単発の延長保育が利用しづらいという声も聞きますし、逆に利用者が少なすぎて子どもが嫌がるといった声も。保活の際に、延長保育の利用状況を確認しておくといいでしょう。

保活中に知っておくと便利！

保育園用語集

△歳児クラス
保育園は0歳児クラス～5歳児クラスまであり、その年度の4月1日時点の年齢でクラスが決まる。
例：入園年度の4月1日時点で0歳→0歳児クラス（4月2日生まれ～翌年4月1日生まれが同じクラス）

合同保育
園児の数が少ない早朝や延長保育の時間帯に、異年齢児をひとつの部屋に集めて保育をすること。

縦割り保育（異年齢保育）
異年齢児でグループをつくり、異なる年齢の子とのかかわりから人間関係などを学ぶことを目的とした活動。

幼児さん（幼児クラス）
0～2歳児は乳児さん、3～5歳児を幼児さんと呼び、幼児クラスのみで異年齢保育を実施するケースも。

主任・クラスリーダー
管理職的な立場の保育士を主任と呼ぶことが多い。クラス担任の中でもリーダーが決められていることも。

父母会
小学校のPTAのような組織で保護者が運営する。父母会のない園もあり、あっても活動内容はさまざま。

みんなの体験談

Q.1 お子さんはどんな保育園に通っていますか？

もえさん（東京都）
夏祭り、お泊り保育や保育士体験など行事に力を入れていて不安はありません。第一希望に落ちて入園したが、**区立園は最低限の教育という固定概念が崩れました。**

公立の園

もたいこまさこさん（東京都）
区立なので新しい教育というよりは、「昔ながらの教育」という印象。勉強はあまりないが、小学校入学までに必要な最低限のこと（トイトレ、お箸の使い方など）や、**野菜を育てるなど「食育」**もしてくれている。なるべく自然な環境で子ども同士の人間関係を形成し、心の成長を見守ってくれている印象。**熱心な先生が多く、心強い。**

ゆりこさん（石川県）
町立保育園型認定子ども園。田舎で子どもの人数が少ないため、大自然の中での少人数保育。**田んぼで虫を捕まえたり、山や川に入ったりして**自然体験ができてとても気に入っています。

こども園

マイコさん（青森県）
認可こども園。定期的にスポーツクラブの先生が来て指導したり、**毎日のマラソンや体操**など、日々活発に過ごしていました。音楽をメインとした発表会に参加したり、和太鼓演奏をしたりとたくさんの経験をさせてもらいました。**年長になると勉強の時間もあり、スムーズに小学校への準備ができた**と思います。

転園を経験

鳥さん（東京都）　保育ママ ⇨ 保育園
1～2歳は**園長先生の自宅が保育室の家庭的保育事業。**先生3人+調理師さん1人に対し子ども4～5人で先生たちの心の余裕を感じた。**一人ひとりの個性を尊重してくれ、**おむつはサブスク、連絡帳はアプリと最高だった。3歳から保育室でおすすめされた区立保育園に転園。**老人ホームと交流したり、日常的に区民が遊びに来たりと開放感がある。**開放感があると虐待などおかしなことが起きないようにも思う。過ごし方はほぼ100%遊びで、今はただただのびのび過ごしてほしいわが家の方針に合っている。

あかねさん（東京都）
長男は公立園、次男は私立の新設園。ふたつ通わせてみて、公立と私立の違いを感じた。**公立のほうが人員にゆとりがある、短時間パートさんが多い。私立はおむつのサブスクやアプリ連絡帳、ウェブでの写真販売などサービスが進んでいる。**公立は何かと係があり、親が出て行くことが多いが、私立はほとんどない。

匿名希望さん（東京都）
認証園→認可保育園→こども園。こども園は通園バスがあり朝がとてもラクになりました。**毎日お弁当を持たせる**のが大変でもあり、いい思い出にもなっています。幼稚園の時間が終わるとこども園の時間が始まり、体操やサッカー、ピアノにお絵描きなど**習い事のオプション**がつけられたので、とても重宝しました。

夏みかんさん（東京都）　認証 ⇨ 認可
認可園に落ち、**キリスト教系の小規模な認証園**に入園。アットホームな雰囲気でよい園だったが、古い教会に併設で施設面はやや不安もあった。半年くらい経った頃、近所に認可園ができて転園。**新設ゆえの混乱**（保育士さんがたくさん辞めてしまうなど）が最初はあったが、園長先生が素晴らしい先生だったため、落ち着いていった。最終的には、**非常にあたたかい子ども思いの園で卒園まで見ていただき、本当によかった**と思っている。

佐々木さん（千葉県）

認可保育園、中規模です。外遊びと制作活動に力を入れてくれており、**毎日泥や絵の具にまみれて帰ってきます**。付近の園は学習や運動に力を入れているところが多いため、入園当初は就学時に差が生まれるのではと不安を感じていました。しかし**毎日泥だらけになって遊ぶことだけに全力になれるのは今だけ**なので、親に代わり全力で遊ばせてくれる園に今では感謝しかありません。

おかあさん（宮城県）

園庭が広くて子どもがのびのび過ごせる保育園です。**ハリネズミを飼育**していたり、園庭には**畑やビオトープがあり自然豊か**で、虫好きの息子にはたまらないようです。

30代夫婦さん（大阪府）

認可の0～2歳の保育園。現在所属する2歳児クラスは18人ほど。全体でも30人程度の保育園。**先生が一人ひとりの名前を覚えてくれる**ので、小規模な保育園でよかったと感じた。

少人数の園

もりのさん（千葉県）

認可保育園の分園。**子どもの数が少ないぶん、先生と子ども、先生と親の会話も多く、素敵な環境**です。すぐ隣には老人ホームがあり、見学に行った際には、園庭で遊ぶ子どもをニコニコ眺めているおじいちゃん、おばあちゃんがいてほっこりしました。今っぽすぎず、アナログすぎないところが個人的には気に入っています。

ホーリーさん（栃木県）

認可私立保育園。園の近くに遊べる森があり、**野外活動がさかん**である。園が運営する支援センターでは動物と触れ合うことができ、自然豊かな環境で伸び伸び過ごせるような保育園である。

のびのび！遊び中心の園

さゆさん（千葉県）

認可保育園で大規模。**泥遊びが名物**。先生方が園庭いっぱいに水を撒《ま》きつくった大量の泥の中で泳ぐ子どもたちは、まるでハゼのようです（笑）。お友達もみんな素直でハツラツとしているので、毎日の送り迎えも楽しんでいます。

企業型の園

meatさん（神奈川県）

認可保育園で**企業型**です。マンションの1階が保育園で、**園庭が狭小**なのが最初は気になりましたが、お散歩に連れて行ってくれたり、水浴びをしたり、食育などできる限り経験させてくれているのがわかるので**今では気にならなくなりました**。

夜間保育園

うなぎさん（東京都）

24時間運営している認可の「夜間保育園」で、昼食と夕食が必ず出る（オーガニック野菜だそう）のが特徴的。どうしても夜遅く預けたいときもあるので、第一希望で保活しました。**園庭がなくて不安**でしたが、お散歩に行ってくれればいいやと思い決めました。勉強はないけれど、**体操教室や造形教室、ピアノ教室（任意）がある**のがありがたいなと思います。

山下

“早めに動く”が保活の鉄則！

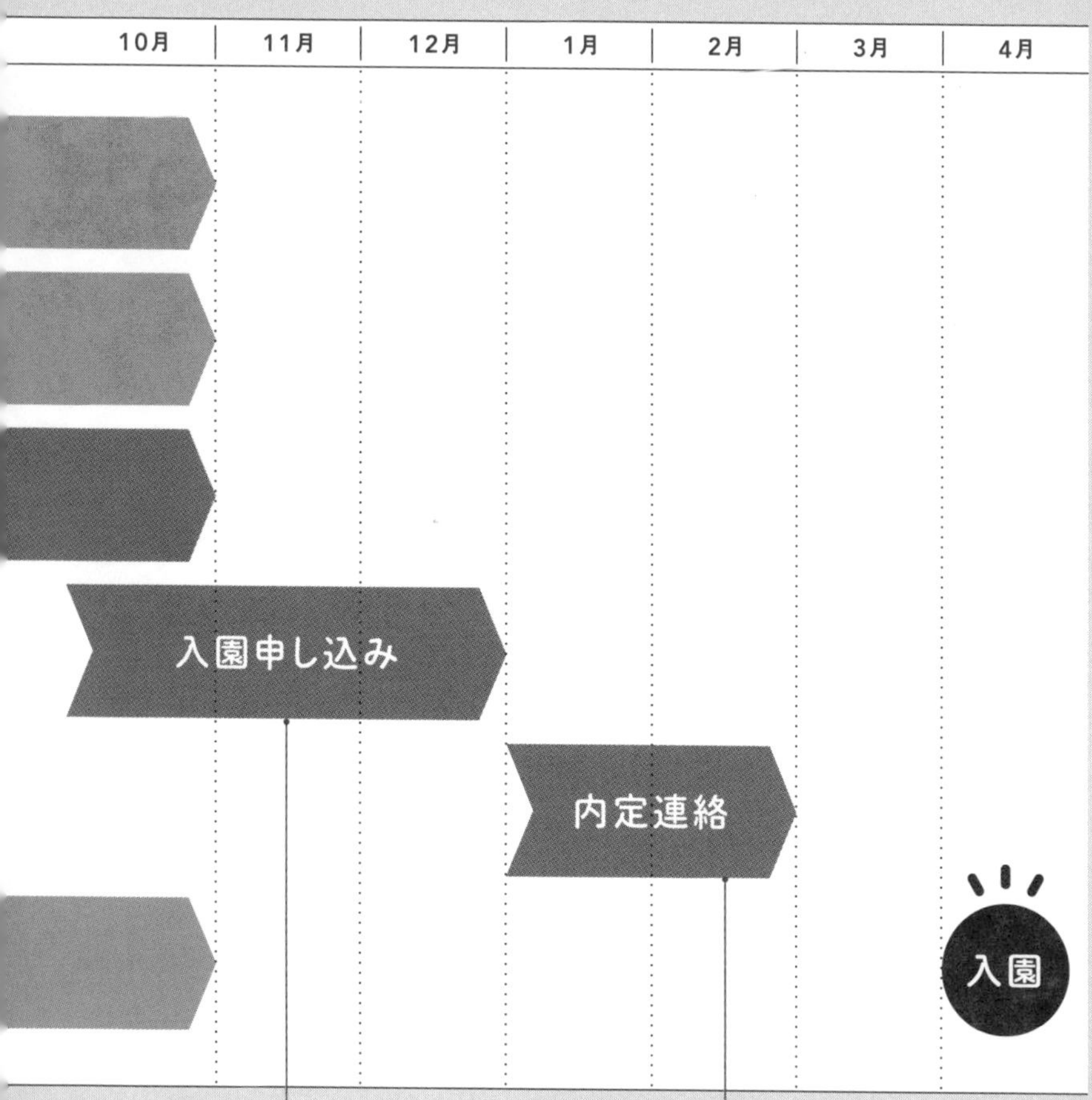

入園したい園に希望順位をつけて、
必要書類とともに提出する。
希望順位の数は自治体によって異なり、
すべての枠を埋めなくても大丈夫。

認可園は1～2月頃に内定(=承諾)、
または、不承諾の通知が届く。認可外園は
空きさえあればいつでも入れるが、
認可園の結果を受けて2～3月頃には
定員が埋まることが多い。

来年4月に認可園の入園を目指す

保活カレンダー

まずは、自治体のホームページで
入園の基準などを確認。
近隣園の入園状況や選考基準など、
もう一歩踏み込んだ情報が欲しいときは
役所の窓口に足を運ぼう。

入園を希望する園が
リストアップできたら、
各園に事前に
連絡を入れてから見学へ。

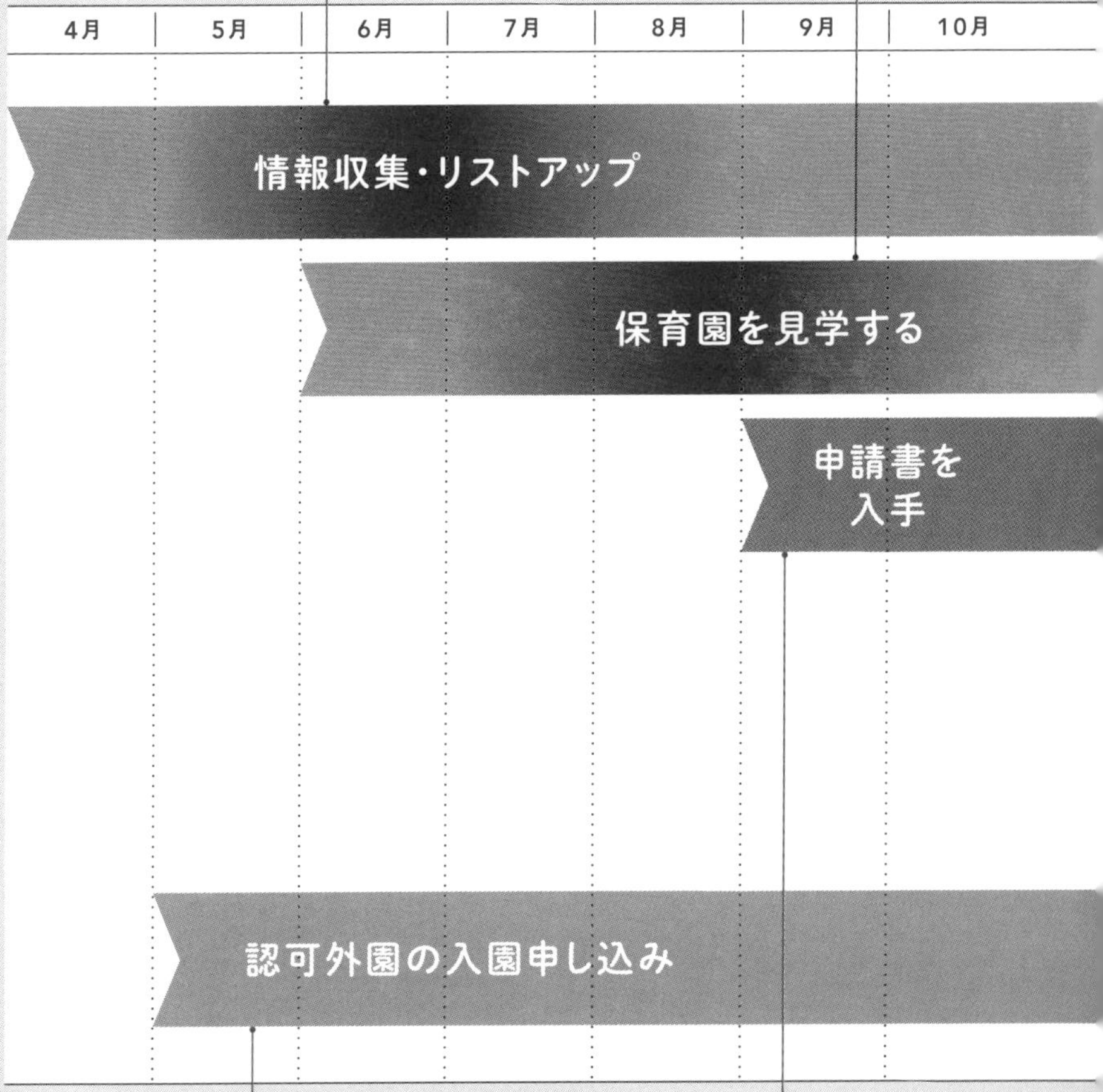

認可外園は選考ではなく
先着順のところもあるので、
入りたい園がある場合には、
申込書の入手、受付開始日などを
早めに確認しておきたい。

次年度の申込用紙の配布は、
9〜10月頃が多い。
必要書類のチェックを忘れずに。

QUESTION 2

保育園選びで大事なポイントを教えてください！

子どもが安心できる環境があり、遊びの充実した園が◎

大豆生田啓友
玉川大学教育学部教授

教えてくれたのは…

保育園を選ぶといっても、待機児童がいて「入れる園に入るしかない」という方もいらっしゃるでしょう。ただ一時期に比べると保育園が増え、選べる地域も増えてきました。

そこで、より質の高い園を選びたい、という方も多いかと思います。保育園の方向性は、国が定める「保育所保育指針」で示されています。そこに書かれたことを実践できている園＝質の高い園と考えられます。ここではとくに大事なポイントをふたつお伝えします。

ひとつめは、子どもが一人ひとりの個性やペースに応じ、保育者にあたたかく丁寧に、共感的に受け止められているかです。具体的には、子どもが甘えたいときに甘えさせてあげる環境があり、子どものどんな気持ちも丸ごと受け止めようとする姿勢が保育者にあるかです。

ふたつめは、遊びが充実しているかどうか。本来、保育園は遊びを通して学ぶ場所です。子どもが自分の世界を広げていく上では、主体的な活動や友達とのかかわりが必要です。それを保証してくれるのが遊びだからです。遊びが単なる遊びではなく、学びにつながっているかどうかは、園の見学時に確認しましょう（p48参照）。

このふたつのポイントは、最近さかんに言われている「非認知能力」を育むことにつながります。非認知能力とは、読み、書き、計算などの目に見える能力とは違う、「社会情動的スキル」とも言われるものです。忍耐力や自制心、他者への思いやり、自尊心がこれにあたります。子どもが将来幸せに生きていく上で、非認知能力が重要であることがさまざまな研究で明らかにされています。

こんなところを
見よう、聞こう

保育園見学
チェックリスト

通園できる園をリストアップしたら見学へ行きましょう。
どんなポイントを見ればよいか、大豆生田先生の解説つきでご紹介します。

■ 遊びの豊かさ

遊びを豊かにするには、**保育者が子どもの興味関心を知り、それを発展させられるように考えられているかが鍵**となります。例えば遊びを通して自然や社会などに興味を広げられている。また、ひとりの遊びが周りに広がり、みんながその遊びに夢中になるなどの状況が見られる園は、遊びが充実していると言えます。

■ 外遊びの頻度

外遊びは乳幼児期において健康・知的発達の観点でとても重要です。園庭があると外に出て行きやすいので、**園庭で子どもたちの遊びが充実しているか**は大事な視点です。ただ、園庭がなくても頻繁にお散歩をし、街や社会と触れ合う機会を得ている園もあります。安全確保が必要なお散歩に頻回に行けるということは、**先生たちの体制が充実しているということのあらわれ**でもあります。

■ 保育室の環境

子どもが室内でどんな環境に出合えるかも大事なことです。年齢によって違いますが、例えば**ブロックや絵本が子どもが自分で取り出せるように配置されているか**、子どもたちが見立てやごっこ遊びができる場があるか、工作するスペースがあるか、子どもがちょっとくつろげるような場があるかなどが主なポイントです。

■ 園の雰囲気、清潔感

職員間の関係性がよいと、子どもにあたたかくかかわる風土が生まれやすいことがわかっています。保育者同士の会話がおだや

■ 保育理念

子どもは主体的な遊びや活動の中で「やり抜く力」や「他者とのかかわり」、「自己肯定感」「気持ちの切り替え」などを学んでいきます。こうした「非認知能力」を育むためには、**「子ども一人ひとりが尊重され、いつでも安心して甘えられる環境」「遊びが充実していること」が必要です**。多くの園では上記のようなことが大切にされています。

保護者の方からすると、習い事や特別なプログラムが魅力的に映るかもしれませんが、それが必ずしも効果的とは限りません。むしろ、さまざまな発達研究から、人生を幸せに生きていく上では「非認知能力」が重要であることが明らかにされています。

■ 保育者のかかわり

先生たちが穏やかにあたたかく一人ひとりを抱っこしたりおんぶしたり、遊びを見守ったりするかかわりがとても大事です。**どのような個性のお子さんも肯定的に受け入れようとする**、例えば子どもの落ち着かない気持ちや、つい手が出てしまう気持ちでさえ理解するのがプロの保育者です。

■ 子どもたちの表情

子どもが保育者にあたたかく受け止められ、遊ぶことができていると、子どもたちの表情がとてもよいです。させられてしているのではないので、安心して自分のやりたいことがやれている。それは**保育園に行くことが楽しい、幸せだと感じることにつながります**。子どもたちのよい表情の背景には、遊べる環境がきちんとあること、先生方のかかわりのよさがあります。

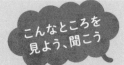

大豆生田

「保育の質」の高さはこんなところでわかります

かであるかも観察してみるといいでしょう。園内の清潔感も大事ですが、乳幼児期はどろんこや、ぐちゃぐちゃになることも発達していく上では必要ですので、きれいさだけでなく総合的に見るのがいいでしょう。

親の負担

使用したおむつの持ち帰りの有無、平日の行事の多さ、持ち物の指定など、親の負担がどのくらいあるかも知っておきたいポイントです。**余分な負担は極力ないのがベター**だと思います。

習い事の有無

保育中に英語やリトミックなどどんな習い事を受けられるかも選択肢のひとつ。ただ、重要なことは遊びの中で十分にできているので、**「おまけ程度」と考えるといい**です。

見学時のフィーリング

さまざまな情報を入手して、迷ってしまうこともあるでしょう。最終的には親御さんご自身が決めることなので、見学をして抱いた感覚や、**「私は子どもとの生活でこれを大事にしたい」という感性**も大事にされるといいと思います。

保護者を支援する姿勢

保育士は**保護者対応のプロ**でもあります。例えば育児の悩みや保育園生活の不安などをヒアリングし、わからないことを説明したり、相談に乗ってくれる存在でもあります。園見学の際にそういった**保護者を支援する姿があるかどうか**も見ておくといいでしょう。

保育内容の伝え方
（「保育ドキュメンテーション」など）

近年は**子どもの活動の様子を写真やコメントで記録する「保育ドキュメンテーション」**という方法をとる園が増えています。保護者にとって子どもの園での活動や興味関心の広がりを理解しやすく、安心感や満足感につながります。こうした**丁寧な振り返りを行う園は、忙しい中でも保育の質を上げようと努力している園**だと言えるでしょう。遊びをどのように発展させているかなどもうかがい知ることができるので、見学の際に掲示してあればぜひ見てみましょう。

給食

調理室のある園では、**子どもの食事の様子を踏まえて調理ができたり、調理員さんと子どものかかわりがあったり**、手厚さでは上回ります。ただ自家製給食ではなくてもさまざまな工夫をしている園もありますので、見学の際に聞いてみましょう。

アクセスのよさ

親子で機嫌よく過ごすためには、**大人の都合も実は大事です**。毎日のことなので、送迎にどのくらい時間がかかるかは大きなポイントでしょう。ただ、多くの場合保育園とは長いお付き合い。子どもが「楽しかった！」と保育園から帰ってくることは親御さんにすごい幸せを与えてくれます。子どもにも大人にも無理のないバランスで選択できるといいですね。

その他、具体的な質問例

- **園児に対する保育者の人数は？**
- **室内遊び／外遊びではどんなことをしていますか？**
- **幼児クラスではどんな遊びや活動をしていますか？**

QUESTION 3

保育士さんから見て「いい保育園」って？

保育士が幸せそうに働けている園です

教えてくれたのは…

てぃ先生
現役保育士

僕が思う、いい保育園の条件はたったひとつです。それは、**保育士がゆとりを持って楽しく働けているかどうか。**

園のホームページやパンフレットには、○○式や△△教育、あるいは、「運動や創作活動に力を入れています」などの魅力的な言葉が並んでいるかもしれません。でも、忘れてほしくないのは、**それらを実践するのは保育士である**ということです。

どれほど素晴らしい理念を掲げていても、**保育士に余裕がなければ、書かれていることの半分も実践できない可能性は十分にあります。**反対に、現場にゆとりがあれば、書かれている以上のことができるかもしれません。

保育士に余裕があるかどうか知るために、親御さんが見極めやすいポイントはいくつかありますが、その中からふたつ紹介します。

ひとつは、**行事が詰め込まれていない**かどうか。月にいくつも行事があると親御さんは喜ぶかもしれませんが、準備をする先生の負担は相当なものです。

もうひとつは、園内にある**手づくりの装飾の多さ。**大量にある場合には、**保育士が休憩時間を削ったり残業をしたりしてつくっている可能性があります。**

もちろんゆとりを持って多くの行事や装飾ができているなら素晴らしいことですが、現実的にそんな園はひと握りでしょう。

連絡帳が手書きでみっしり書いてあると親御さんはあたたかみを感じられるかもしれませんが、もし、自分が保育士の立場ならどうでしょう？　**自分がこの園で働きたいと思うかどうか**を想像をしてみることも、判断材料になると思います。

Q.2 保育園選びでチェックしたポイントは?

60人の
先輩パパママに
アンケート!

みんなが保活でチェックしたことランキング

1 保育士の雰囲気(子どもへの接し方、先生同士の仲のよさなど)……17人
2 必要な持ち物(親の負担が大きすぎないかなど)……15人
保育時間・延長保育の有無……15人
3 給食・おやつ(手づくりか、給食室があるかなど)……11人
通いやすさ……10人
園庭の有無……9人
おむつ持ち帰りの有無……7人
清潔感・きれいさ……6人
保育方針……6人
父母会の有無……6人
設備(冷暖房があるかなど)……5人
入園しやすさ……5人
園全体の雰囲気……5人
おむつのサブスクリプションの有無……5人
ICT化されているか(アプリで連絡可かなど)……4人
登園基準・体調不良時のお迎えの基準……4人
園長先生の雰囲気……4人
子どもたちの様子……4人
保育料以外にかかる費用……4人
駐車場の有無・車送迎ができるか……3人
アレルギー対応の有無……3人
はだし保育かどうか……3人
セキュリティー……2人
園児に対する保育者の数……2人
ベビーカーや抱っこ紐が園に置けるか……2人
親の行事参加……2人
トイレトレーニングの進め方……2人
ジェンダー平等が意識されているか……1人
栄養士・看護師がいるか……1人
食育をしているか……1人
勉強はあるか……1人
掃除や事務の担当者がいるか(先生が保育に集中できる環境か)……1人
男女の保育士がいるか……1人
幼児クラスの活動内容……1人
散歩に行く頻度……1人
土曜保育の有無……1人
災害時の避難場所……1人
ウェブカメラが設置されているか……1人
乳幼児突然死症候群(SIDS)の対策……1人
第2子の育児休業中の預かり時間……1人
保育士さんの勤務実態(残業の有無など)……1人

マシケンさん

一番は**「保育士さんたちがいきいき働いているか」**を重視し、保育士さんの勤務実態（残業の有無など）も聞いた。合計10園くらい見学した結果、園の違いがよくわかり、わが家との相性もなんとなくうかがい知れたのでよかった。

鳥さん

「集団行動重視」か「一人ひとりの個性重視」かの保育方針は、全部の園で質問をした。集団行動重視の保育園は厳しい、個性重視は優しい（甘い場合もある）保育が多い印象。自分の子どもに合っているかどうかを見極めやすい質問だと思う。**散歩や遊びなど普段の様子も見られたら、絶対に見ておいたほうがいい**。言葉遣いがきつい、言葉を話せない0〜1歳くらいの子どもへの接し方など、園見学では見られない素の様子が見えてくる。

オタ森Davidさん

何時まで預かってくれるのかは大事だったのでマストで聞いた。また、子どもを預ける上で**先生たちの雰囲気**は大事なので、一度見に行って雰囲気は確認しておきたい（先生同士の仲がとても悪く、転園が多い保育園もあった）。

おしんこさん

妻がフリーランスで点数が少なく、保育園の数も少なかったため、とにかく認可園に入ることを重視した。その上の順位づけで、保育園は**園長先生の方針が大きい**ので、その評判と、通勤路にあるか、近いか、園がきれいか、はだし保育かなどを気にした。

あんちゃんさん

日祝日の保育、延長保育がある保育園を探していました。そうなると選択肢は自ずと狭まりました。あと夏と冬に子どもにとって適温な環境かどうか（**クーラーや床暖房**が古い園だとないところもあるので）。入ってみると月に1回お弁当の日があって少し大変。

ゆーきさん

延長料金について、1秒でも延長すると料金が発生するのか、多少の余裕を見てもらえるのか確認した。**駐車場**があっても利用者を制限している場合があるため、利用に関するルールは確認しておいたほうがよかった。

佐々木さん

聞いておけばよかったことは、**通院後の登園がOKか、解熱後いつから登園OKか、イベント見学はきょうだいもOKか**です。今の園はイベントの参加は2名までのため、きょうだいがいるとお留守番が必要となり片親しか参加することができず、少し残念です。

匿名希望さん

保育園併設の遊び場や一時預かりを利用して、保育園の雰囲気や様子を知ったり聞き出すのもひとつの方法です。

QUESTION 4

保育園育ちと幼稚園育ちで違いは出る?

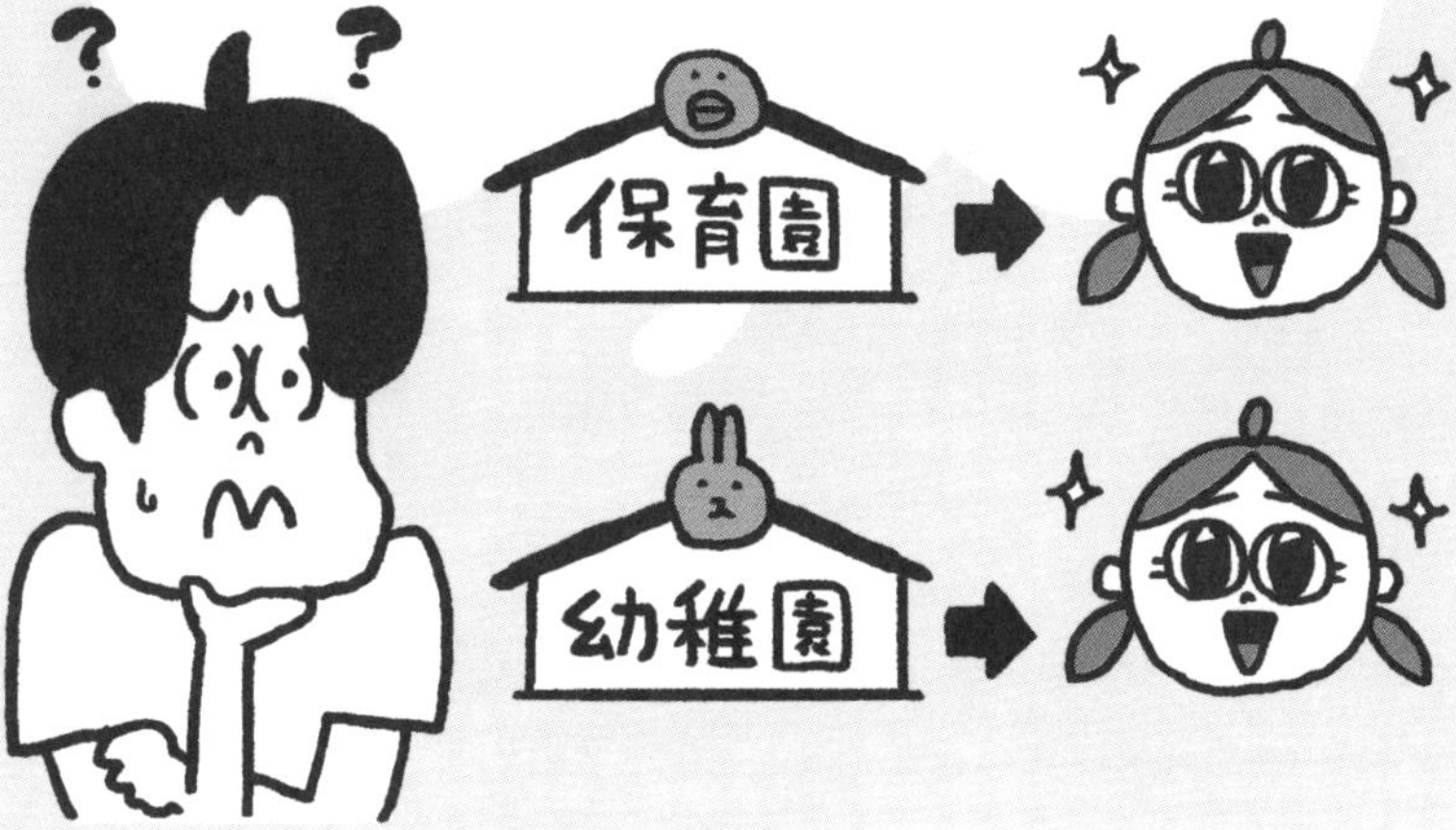

それは昔のイメージ。どちらでも遊び込める環境が大事です

教えてくれたのは…

大豆生田啓友
玉川大学教育学部教授

この10年で共働き家庭がかなり増え、今は保育園に通う子のほうが多くなっています。「保育園は生活する場所」「幼稚園は教育を行う場所」というのは、過去のイメージです。幼稚園は幼稚園教育要領、保育園は保育所保育指針、認定こども園は幼保連携型認定こども園教育保育要領というのが国から出ていますが、その内容はほとんど共通しています。**基本的にはどちらにも共通の教育（子どもを健やかに育てること）があります。**

学力に差が出ることを懸念する方もおられますが、今は保育園・幼稚園からスムーズに小学校へ接続する取り組みもあり（p203参照）、心配する必要はありません。また、**文字の読み・書きといった能力**（＝「**認知能力**」）**は、早期に身につけてもいずれ差が埋まることがわかっています。**例えば就学前から文字の読み・書きができる子と、そうでない子を比べると、小学校に入学直後は当然差がありますが、その後はなくなります。

むしろ成長後に差が出る可能性があるのは、目に見えない力です。**何かに熱中する意欲や、他者を思いやること、気持ちをコントロールする力など、目に見えにくい「非認知能力」が育まれていると、将来的に心の健全さや幸福感が高まると言われています。**

今は保育園でも幼稚園でも「非認知能力」を育むことが重視されています。そのために**大切なふたつのポイントは、「一人ひとりがあたたかく受け入れられること」「〝遊び込む〟経験がしっかりできること」**です。

これらを備えた園かどうかが、保育園・幼稚園にかかわらず、とても重要なことです。

QUESTION 5

保育料は認可外園より
認可園のほうが安い？

一般的に認可園のほうが安く抑えられます。

ただし認可外園も一部無償化の対象です

山下真実
子育て支援企業こころく代表

教えてくれたのは…

認可園と認可外園で保育料は異なります。一般的には認可園のほうが安くなることがほとんどです。

まず、認可園の保育料は自治体が設定しており、公立・私立、園の種類を問わず、かかる費用は同じです。**どの自治体でも、0〜2歳児クラスは収入に応じて額が変わり（住民税非課税世帯は無料）、自治体によっても多少の差があります。3〜5歳児クラスは無料で通えます。**

きょうだいがいる場合、保育園に通う最年長の子どもを第1子とカウントし、第2子は半額、第3子は無料（年収360万円未満相当世帯は第1子の年齢は不問）となります。ただし、東京都が2023年10月から第2子を無料にするなど、自治体ごとに独自の補助を行っているケースもあります。

なお、無料となるのは保育料のみで、給食費や行事にかかる費用は自己負担です。

認可外園は、「保育の必要性の認定」を受けている世帯を対象に、3〜5歳児クラスは月額3万7000円まで無料となります（0〜2歳児は住民税非課税世帯が月額4万2000円まで無料）。

認可外園の保育料は園が独自に設定できるため、月額5万円前後から20万円を超えるところまで本当にさまざまです。そして、**自治体によって、世帯収入に応じて追加の補助を行っているケースなどもあります。**子どもを通わせたい園がある場合には、その園が補助の対象となっているか、自治体独自の補助の制度があるかどうかなど、しっかりチェックする必要があります。

QUESTION 6

病気を減らすには少人数の園を選んだほうがいい？

残念ながら、園の規模は関係ありません

山下真実
子育て支援企業こころく代表

教えてくれたのは…

子どもを保育園へ預けて仕事復帰をする際、誰もが心配するのは、子どもの発熱による園からの呼び出しや、看病で仕事を休まざるを得なくなることではないでしょうか。

乳幼児が集団生活を送る保育園では、感染症などにかかるリスクを完全に避けることはできません。病気をもらいにくい園に預けたいという気持ちは痛いほどわかりますが、**大規模園でも小規模園でも、病気をもらうときはもらいます。**

感染症対策は、厚生労働省が示すガイドラインがあり、自治体ごとのルールもあります。例えば、嘔吐時には処理をする先生は手袋・マスクをつけ、消毒の手順なども決められています。さらに各園では、感染症対策の基本である手洗いを実施し、小さな子でも歌に合わせて指の1本1本から爪の間まで洗えるように教えている園もあります。私がこれまでに訪れた大規模園でも、きちんと対策することで感染症の流行を抑えられている実態を多く見てきました。

そんな中で、もし病気にかかりやすい園があるとすれば、感染症対策が不十分である、おもちゃの手入れや消毒などがルール通りに行われていないなどのケースが考えられます。

園だけの責任ということでもなく、家庭ごとの危機意識の差も少なからずあると思います。何かの事情で子どもが体調不良でも登園させるご家庭があったとして、そういったケースがたまたま多く集まれば病気が流行りやすいということがあるかもしれません。

感染症対策に完璧を求めるのは難しいので、病気になったときに慌てないよう、できる準備はすべてしておくようにしましょう。

QUESTION 7

大規模園と少人数の園、選ぶならどっち？

それぞれのメリットを知った上で選びましょう

教えてくれたのは…

てぃ先生
現役保育士

保育園の規模の大きさによって、メリットとデメリットはそれぞれにあります。

大規模園のメリットとしては、かかわるお友達と大人の多さがあります。よく保育園は「小さな社会」と言われますが、**大規模な園では、多くのメンバーが構成する小さな社会で人間関係の形成ができます**。

また、子どもの数が多いと**自分の興味に近い遊びができるお友達ができやすい**、お友達の影響を受けて興味関心の広がりが期待できる、ということも言えるでしょう。

年中や年長になると、好きな遊びが同じ子が集まり、例えばブロックで大作をつくるなど、遊び方がより創造的でダイナミックになっていきます。こういう遊び方ができるのは大人数の園ならではと言えます。

一方、少人数の園では、子ども同士が**一人ひとりと深い人間関係を築くことができ**、**保育者も個々の思いを尊重する対応をより取りやすい**のがメリットです。子どもの数が少ないと、好きな遊びが同じお友達も自ずと少なくはなりますが、**未就学児にとって、とても大切な「好きな遊びを遊び込むこと」に、落ち着いて取り組める環境にある**とも考えられます。信頼する大人に見守られながら好きなものに没頭できることは非常に魅力的です。

いずれにしても、園の規模より大事なのは、保育方針や、よい保育が行える環境かどうかです。園の規模による特徴を知った上で、ご家庭での子育ての方針と園の保育方針に大きな隔たりがないかもチェックして、園選びをされるのがいいかと思います。

QUESTION 8

0歳児クラスと1歳児クラスってどんなことをするの？

0歳児は
愛着関係の形成が優先。
1歳児は興味関心から
遊びを広げます

教えてくれたのは…

てぃ先生
現役保育士

園によって活動内容は違いますが、0歳児クラスの前期は、見知らぬ大人と初めて触れ合うことになるので、まずは、スキンシップをとりながら**保育士との愛着関係を築いていく**ことが優先されます。

通園という新しい環境で生活リズムを整えながら、**生理的欲求に応えることで安心感を持ってもらえるように、保育士は子どもたちにたくさん話しかけながら、おむつ替えをしたり、授乳をしたり**して信頼関係を高めていきます。

0歳児クラスの後期は、体の使い方を学んでいく時期であると同時に、**その子の好きなものや関心のあることなどが徐々に見えてきます。**なので、好きな遊びやアイテムにも活躍してもらいながら、**体を動かす楽しさを味わえるようにサポート**していきます。

1歳児クラスは、昼食や補食の時間が決まってきて、園での生活リズムがより整ってきます。戸外遊びや手遊び歌など、みんなで同じ時間を共有することも増えてきますが、個々の欲求を重視することに変わりありません。

1〜2歳になると指先も器用に動かせるようになってくるので、**日常動作や遊びの中で、つまむ、握る、引っ張るなどの機会を増やしていきます。**例えば、お手玉の中に異なる素材を入れて、触ったときの感覚や音の違いを楽しみながら、自然とつまむ、握るといった指先の動作につなげるなどです。**子どもたちは五感で楽しむことが大好き**なので、音や感触、匂いなど、さまざまな感覚が刺激される遊びを保育士は考えています。

「単なる遊び」と「充実した遊び」はどう違う？

保育園で子どもが豊かに育っていくには、子どもが主体的に遊ぶことが大事だというお話をしてきました。

ただ、「子どもが主役」「遊び中心」というと、「子どもがしたいことだけをやっていていいの？」と疑問を持つ親御さんもおられるかもしれません。ここでは、「単なる遊び」と「充実した遊び（＝遊び込む）」はどう違うのか、お話ししたいと思います。

本来、**プロの保育者が「保育の中で遊びを大事にする」ということは、単に家庭で遊んでいるのとはまったく違います。**子どもたちの姿を見て、「今○○に興味を持っているから、こんな環境をつくろう」とか、「この興味を◇◇遊びに発展させよう」と考えながら、計画的に保育をしています。

子どもたちの興味関心から電車ごっこが生まれたり、おうちごっこがより豊かになったりと、**「遊びに熱中する」「遊びが発展してくる」「遊びのブームが起こる」ように保育をしている園では、遊びが充実していると言えます。**

一方、毎日「お砂場に行きました」「ブロック遊びをしました」というだけだと、単にある環境で遊ばせているだけ、遊びが学びになっていない可能性が考えられます。

先生からの説明や、保育ドキュメンテーション（写真記録）といった発信から、「今○○ごっこが面白くて仕方ないんだな」「みんな今はこれに夢中なんだな」というのが見えてくるかどうかというのがとても大事です。**保育園はただ子どもを預かる場所ではなく、子どもが育っていく場所です。**園も保護者に活動のねらいや意味を、わかりやすく伝える努力が必要だと思います。

玉川大学教育学部教授 **大豆生田啓友**

第2章

保育園が決まったよ

QUESTION 9

初めての集団生活
子どもがなじめるか
不安です……

必ずお迎えがくる
体験を重ねることで
慣れていきます

大豆生田啓友
玉川大学教育学部教授

初めて保育園へ入園する子どもにとっては、多くは生まれて初めて親から離れる体験をすることになりますよね。すんなりと園に通える子もいますが、**ずっと一緒にいたママ・パパと離れることに不安を感じて、泣く、行くのをしぶるという様子が見られることもあります。**心理学で「母子分離不安」と言われるものです。

最初のうちは泣く、ぐずるということが多いかもしれませんが、**保育園に行く→保育園で生活をする→必ずお迎えが来て家に帰るという体験を積み重ねていくことで、しだいに生活に慣れていくと思いますので、大丈夫です。**

どうしても子どもとかかわる時間が少なくならざるを得ない方は、時間の長さではなく、時間は短くても、**かかわりの時間の濃密さを大切にしましょう。**例えば寝る前にぎゅっと抱きしめる、帰宅後に子どもが好きな遊びをひとつだけ一緒に楽しむなど、時間は短くても、子どもとだけ向き合う時間をとるのです。すると親御さんの気持ちはお子さんに伝わります。

随分前の話になりますが、私の家でも「行きたくない！」と、登園をごねる子がいました。なんとか保育園まで行けた日がありましたが、パジャマのまま。でも保育園の先生が「よく来てくれた」と笑顔で迎えてくれて、本当に救われた気持ちになったものです。

保育園の先生は、保育のプロであるのと同時に、保護者を支えるプロでもあります。初めての園生活で不安なことがあったら、ぜひ保育士さんを頼ってみるといいと思います。

QUESTION 10

入園準備は
どんなことをすればいい？

園によってルールが
違うので持ち物リストが
配布されてから
準備するのがおすすめ

はる先生

現役保育士

保育園に必要な持ち物は、着替えやお昼寝布団、食事エプロンなどが一般的ですが、実は、**園ごとにかなりルールが違います。**布団のサイズに細かな指定があったり、そもそもいらなかったり。

保育園が決まると入園準備を焦る気持ちはわかりますが、**入園説明会で必要なものがわかってから動いたほうがムダがありません。**

4月入園の場合、3月上旬に入園説明会を実施する園が多く、そこで持ち物の一覧表や入園のしおりをもらえることが多いと思います。入園まであまり時間がないと焦るかもしれませんが、4月1日に必要なものは、実はそんなに多くありません。

慣らし保育期間があれば、**入園して最初の1週間はごく短時間の保育になります。その間に必要な持ち物はおむつと着替えくらい。**そう考えると、入園説明会から通常保育に入るまでには3～4週間ほどの猶予があることになります。

また、入園のしおりを見ても「これってどのくらいの大きさ？」などよくわからないことがあれば、**慣らし保育中の送迎時に保育士に確認してから準備することもできます。**

記名についても園ごとにルールはバラバラです。シール禁止の園の場合、早めにオーダーしたシールはムダになります。おむつの記名は名前の頭文字だけでOKという園の場合、スタンプより油性マジックで書くほうが断然ラク。**通う園の実情に合ったものを徐々に買い揃えていったほうが、不要なものを用意しなくて済む**と思います。

Q.3
入園準備は何をしましたか?

時短家事

meatさん
入園と仕事復帰を考え**洗濯機をドラム式**にしました(大正解)。

さゆさん
ベビーシッターサービスに登録し、育休中に何度か利用。子どもたちと相性のよいシッターさんを把握しておきました。そして**ドラム式洗濯乾燥機**を購入。**食材配達サービス**に複数加入(オイシックス、コープ、ネットスーパーなど複数組み合わせるとなんとかなる)。

もりのさん
復職するための投資で**乾燥機付き洗濯機**を買いました。買ってよかったものNo.1です。引っ越して**食洗器**がある家になったのもとても時短になり、助かりました。

こんなものを準備

ホーリーさん
洋服や布団等は**素材や品質面において長持ちするもの**、長い目で見てコスパのよいものを購入するようにしている。兄弟がいるので、お下がりも考慮。

ワンダランドさん
故・曾祖母にお着替え袋をつくってもらったことがよい思い出の持ち物になっている。

おがさん
洋服や下着、スタイや食事エプロン等は**1日洗濯しなくても間に合うぐらいの数**を用意しました。

M子さん
保育園にストックする分と普段着る分も合わせて洋服は多めに準備。7日分をストックしても家に予備が残るよう10セット購入。

まききさん
記名は楽天で購入した**お名前スタンプとお名前シール**があれば何も問題はない。入園前に服を買うより必要なときに買い足していったほうが間違いがない。大きいサイズの服を買ってしまうと着替えに手間取ったり、袖や裾を折るなどの手間を先生にかけてしまうので、**ジャストサイズを揃えるのが本人も動きやすくて安全**だしいいと思う。

ひろさん
掛け布団、敷布団カバーの用意をするようにとのことだったので、楽天で洗い替えを含み2組、**サイズオーダー**しました。名前つけは**洗ってもはがれないシール**を使用。

こうすればよかった!

KKさん
持ち物に名前を書くのをずるずると引き延ばしにしていて、入園前日に夫婦で深夜まで書いたつらい経験があります。**イオンなどで、名前シールをつくれるサービス**があることをあとで知って大後悔!!

おしんこさん
園指定の手づくり袋各種などに苦戦したが、手づくり品が**いくらでも売っている**ことをあとで知って愕然とした。第2子では自作はあまりせず。

これがおすすめ!

はなえさん
すべて楽天で買った、**何にでも貼れるお名前シール**でまかない、長らく重宝しました。**靴下は穴が開いたりなくしたりするので、基本的に同じ色**(何パターンかの色を複数組)にして、片方がなくなってもいいようにしています。

もえさん
お昼寝の掛け布団は兄のときから愛用している**薄手のバスタオル**(かさばらないので)。

佐々木さん
5日分のエコバッグと衣類、エプロンを用意しました。週末に5日分用意し、棚に並べています。**エプロンは手洗いが面倒なので、着替えと一緒に洗濯機に入れられ、乾燥機OKのもの**が非常におすすめです。

前もって準備しすぎない!

クニさん
ふたつの保育園を経験。入園説明会と入園日との間があまり空いていないので準備は大変だが、**保育園によって持ち物ややり方がだいぶ違うので聞いてからのほうが二度手間、ムダにならない**と思った。

鳥さん
事前準備は極力せず、**その場しのぎのほうが効率がいい**気がする。実際に入ってみて、「言われていたことと微妙に違うじゃん」ということも多々発生するため(例:転園組がお昼寝用ブランケットを用意してみたら、在園組はほぼバスタオルのようなものを使っていて、子どもから「周りと同じものにしてくれ」とクレームが入った)。また、すぐに買えるお店を見つけておくのがよいと思う。印象としては**ぜんぶ西松屋でなんとかなる**。逆にAmazonは子ども用品の到着に時間がかかることがあるので要注意。

Q.4
服やモノの記名はどうしていますか？

油性マジック派

Cさん
名前は**フルネームではなく苗字のみを書きました。**そうすることで下の子のお下がりになったときに新たに記名する手間が省けます（クラスに同じ苗字の方がいる場合には使えないワザですね……）。

夏みかんさん
油性マジックで書くのが嫌で、入園時は名前を編集できるスタンプやシール、アイロンシールなどを使っていたが、**次第に面倒くさくなって油性マジックで書くようになった**（すぐ薄くなってしまうため）。同様のことを先輩ママも言っていた。

あんちゃんさん
名前シール、名前ハンコ、アイロンで付けられるタイプなど、ひと通り買いましたが、**最近は結局服などには手書きしている**……（笑）。

もりのさん
服やカバンにアイロンでつけられるお名前シールを買いましたが、すぐに取れてしまい、あまり役立ちませんでした。「水に強い！」のお名前シールも結局食洗器などに入れてしまうと長持ちせず、**今では油性ペンの手書き一択です。**おむつに記名をするためのお名前スタンプは重宝しています。

シール派

うちのたまさん
ネットで注文できるお名前シールは大活躍でした！　**ベネッセでもらえるお名前シール**は動物やキャラクターがついていてとてもかわいいです。

ゆきえさん
記名用に**あらかじめ名前が入ったシールをもらい**、貼るだけでよかった。

ゆりこさん
コップや水筒は**テプラの防水のシール**がはがれなくてよかった。

もえさん
布もプラスチックもOKの名前シール活用＋洗濯ではずれやすいものは**布専用の名前シール**にしています。

スタンプ派

うどんこさん

名前付けはイラスト入りでかわいく♡と思い、シールタイプやアイロンタイプといろいろ試しましたが、結局数回の洗濯で取れてしまう。**直接服かタグにスタンプで名前を印字する**のが一番手間がかからず落ちない。

ミキティさん

楽天やYahoo!で売っている**お名前スタンプの大きいものをひとつ(おむつ用)と小さいものをひとつ(洋服、タオル、連絡帳)**用意しておくととても便利。

もたいこまさこさん

服や靴はもとより、毎日の消費の激しいおむつにいたるまで、とにかくなんでも記名が必要なので、**名前ハンコ(お名前スタンプ)をつくっておいてよかった**。すべて手書きだとかなり大変だったと思う。

30代夫婦さん

保育園でこまめにおむつ交換をしてくれるので消費量がかなり多く、月に3袋は使うので**おむつ用の名前スタンプ必須**です。

あかねさん

おむつスタンプはインク補充型を買ったが、**インク内蔵印にすればよかった。**

シモさん

ネームスタンプを買って持ち物に名前付けをした。とくにおむつが必要だった時期には毎日のようにおむつを持っていかなければならなかったため役に立った。お手拭きタオルやエプロンタオルは名前が薄くなりやすいので、**ネームスタンプ+油性マジックの2重書き**で名前を消えにくくしている。

靴下の記名は?

30代夫婦さん

靴下用の名前シール(アイロンで貼り付けるタイプ)を使っていましたが、よく動くからかすぐにシールが取れました。**諦めてサインペンで記入**⇒サインペンもすぐ薄くなる⇒再度サインペン記入のエンドレスで悩みどころ。

うなぎさん

靴下は記名しづらいので、**足の裏にめっちゃデカく**書いてます。

ゆりこさん

靴下は足の裏部分にマジックで記名。**黒や紺だと名前が見えない**のでそれ以外。記名欄があればよいが。

QUESTION 11

保育園で着替えは どれくらいいる？ どんな服がいい？

**安全で、汚れてもよく、
着替えやすい服が○**

はる先生
現役保育士

服選びにおいて保育園が大切にしているのは、**子どもたちの安全、そして、子どもたちのやりたい気持ちの邪魔をしないこと**です。

安全面から言うと、**フード付きの服は遊具に引っかかったり、お友達に引っ張られたりなど、何かと危険が多いので多くの園で禁止されている**と思います。同様に、飾りのついた服も控えていただくことが一般的です。乳児さんのクラスではボタンや飾りを引っ張って食べてしまった、スパンコールが頬にあたりすり傷ができてしまったなどの事例が実際に報告されています。

スカートは園によってOKなところもありますが、トイレのときに裾が引っかかっておしっこで汚れることがよくあります。また、裾が広がる短いズボンも同様ですが、活動中にパンツが見えてしまう服は、外遊びのときに周りの目が気になります。

「子どもが自分で脱ぎ着しやすいか」という点も保育園の服を選ぶポイントです。

1～2歳になるとお着替えの練習が始まります。そのとき、**サイズが小さく服がぴちぴちだったり、伸びない生地で自分で上げ下げができないと、子どものやりたい気持ちを邪魔してしまうことがあります。**

お着替えの練習中はとくに、**そのときに合ったサイズで、伸縮性のある柔らかい生地の服**を用意してあげるとよいです。デニムなどはおしゃれですが、子どもが扱いづらく着替えの面で不向きです。

着替えの頻度は園や年齢によって変わり、最低限、**着替えの回数×3着分＋園ストック分があるといい**と思います。

Q.5

保育園の服はどんなものを用意していますか？

服

うなぎさん

NEXTという通販でほぼ買い揃えていました。服は3～4歳くらいから子どもの主張が激しくなるので、**大きすぎるものは買わないほうがいい**かも。

ネコカさん

フード付きの上着がNGで季節にちょうどいい上着を買っていても着て行けないことがありました。スカートもNG。動くし園内は暖かいので、冬でも分厚いトレーナーは役に立たず**生地薄めの長袖とレギンスの組み合わせばかり活躍**。おすすめの店はGU、西松屋（ユニクロはちょっと高い）。

たまさん

肌着はイオン、Tシャツは西松屋、ズボンはユニクロで揃える（**タグの場所が同じで名前つけがラク**）。

アヤノさん

MARKEY'Sが安くてかわいいので保育園着にもいい（リュックも）。

オタ森Davidさん

地味に**古着も重宝した**（友人のお下がり含む。サイズアウトした服の行き場に困ってる人は多かったので）。

もりのさん

入園当初はおしゃれな淡い色の服ばかり集めていましたが、今となってはキャラものでも派手な色でも着てくれれば問題なし！　**ユニクロは安定のかわいさと、ドラムで洗濯乾燥しても持ちがよい**です（ただしお友達とかぶる可能性大）。1年しか着ないキャラものは西松屋などで買うことにしています。

shioさん

双子なのでスタイなどは基本同じものを2セット揃えています。服も基本お揃いか色違いなど、**セットで認識してもらいやすいもの**を用意しています。

靴下

マシケンさん

靴下屋の曜日ロゴソックスは、人ともかぶらず、丈夫で、バランスよく使えるので便利。

ゆーきさん

無印良品の靴下は生地にサイズが印刷されているため、サイズアウトしているかどうかの判断がしやすい。

肌着

あんちゃんさん

肌着や布パンツなどはアカチャンホンポで110cmくらいまで買っています。乾きやすい素材でタグに名前を書く場所があるので気に入ってます。

上履き

鳥さん

上履きがかわいいと1日楽しい気持ちになれるらしい。+1000円くらいしたとしても、プリキュアでもプリンセスでも本人が大好きなものを。上履きがきっかけで違うクラスの子に話しかけてもらえたり、先生からかわいいねと言ってもらえたり、**交流のきっかけにもなっている様子**。

はる

現役保育士が教える！ 季節別のおすすめ服

夏

ランニングor半袖の肌着

・あせもになりにくい綿100%がおすすめ
・着脱しにくいキャミソールは幼児さんから

Tシャツ

薄着が基本の子どもは春から秋まで半袖が活躍！

7分丈ズボン

できればひざが隠れる長さが転倒したときに安心

POINT

夏は危険な暑さで外遊びができないことが多く、室内遊びや水遊びが中心。ペイント系やスライムなど遊びがダイナミックになることもあるので、汚れてもいい服がおすすめです。

冬

薄手の長袖・薄手のトレーナー

子どもは活動量が多く汗をかきやすいので、冬でも活躍するのは薄手の長袖

長ズボン

動きやすく着替えやすい伸縮性のある生地がベター

半袖or長袖の肌着

長袖肌着や機能性インナー禁止の園もあるので入園のしおりをチェック

登園用アウター

なんでもOK！

外遊び用アウター

・汚れるので洗えるものが◎
・フリースは落ち葉などがつきやすいので△。薄手の洗えるダウンがおすすめ
・子どもが自分で止めやすいボタンかファスナーに

POINT

裏起毛の服が禁止の園なら、冬服は9〜10月に購入しておくのがおすすめ。10月の終わり頃から一気に裏起毛の服が増えます！

春・秋

半袖or長袖の肌着

日中暑くなる時期は半袖が○

登園用の薄手アウター

朝晩は冷えるので外遊び用よりやや厚手が○

薄手の長袖

ロングTシャツが活躍

着替え用の半袖

着替えは長袖と半袖両方入れておくと◎

長ズボン

薄手で伸縮性のある生地に

外遊び用の薄手アウター

わが家では気温が15℃を上回ったら薄手のアウターにチェンジ

登園用のカーディガン

アウターだと暑い時期は半袖の上に羽織れるカーディガンがあると便利

POINT

寒暖差の大きい春と秋は、長袖だと汗をかく子もいます。まだ暖かい時期は薄手の羽織りを着て登園し、日中は半袖で過ごすくらいがちょうどいいです。

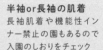

QUESTION 12

子どもが体調不良で 保育園を休むかも……備えられることは?

SOSを出せるところは 多ければ多いほど○

駒崎弘樹
認定NPO法人フローレンス会長

教えてくれたのは…

まずは看護休暇です。**看護休暇とは、働く親の就学前の子どもが病気やケガをしたときに取得できるもので、** **育児・介護休業法で定められた休暇です。** 子どもひとりにつき1年間で5日取得することができます。

次に、**夫婦間の役割分担**です。今は保育園の送迎を担うパパが増えていますが、発熱などで園からお迎え要請があったとき、対応するのは多くがママです（体感では8割以上でしょうか）。お互い働いているのに不平等にならないよう、入園前にルールを決めておくことをおすすめします。なし崩し的にならないよう、最初の話し合いが肝心です！

職場にも子どもの体調不良で休む可能性を伝えておくといいでしょう。**突発的に休んでもスムーズに引き継げるよう、自分の仕事を「マニュアル化」「ドキュメント化」し、** **デスクのどこに何があるのかわかりやすくしておく**こともセットです。

仕事を休めないことを想定し、**病児保育**（p118参照）に登録しておくのもひとつです。地域に利用できる病児保育があるか、事前登録が必要かなど調べておきましょう。自宅に病児保育シッターに来てもらうサービスについては、**自治体の補助があったり、職場によってはこども家庭庁のベビーシッター券を使って割引額で利用できたりするので、ぜひ確認を。**

「じいじ・ばあばレスキュー隊」ももちろん心強い味方です。いざというときにサポートをお願いできるか相談してみるといいでしょう。

このようにセーフティーネットは、ひとつではなく、幾重にも張っておくことが大切です。

もっと聞きたい！ 専門家コラム 2

子どもの「好き」や才能を伸ばす育て方

僕が保育士をしてきて気づいたのは、**保育の上手な先生は、子どもの姿をじっと追うのではなく、“子どもの目線の先”を追うのがとても上手**だということです。

子どもたちの目線の先を追っていくと、「あ、今あの子と遊びたいのかな」とか、「こういうことがしたいのかな」など、その子が言葉にしていない気持ちを的確に汲み取れていることがたびたびあります。

子育てをしていると子どもの姿を目で追うことが多くなると思いますが、**ときには、子どもの目線の先にも目を向けてみてください。**子どもがどんなことを思っているか、どんなことに興味を持っているか、気づくきっかけになるかもしれません。

そして、**お子さんのやりたいことに気づいたら、親御さんの精神的余裕がある限り、できるだけのことをやらせてあげるのがいいのではないかなと思います。**

よく、「子どもの習い事は何がいいですか？」と聞かれます。おそらく親御さんはこれをやれば大丈夫と安心したいのでしょうね。その気持ちはよくわかりますが、大切なのはその習い事をその子が好きかどうかです。

僕は、世の中の全員が専門分野で活躍するさかなクンや藤井聡太さんのようになる必要はないと思っていますが、**彼らの今の姿があるのは、きっと親御さんが子どものことを信じて、好きなことに没頭させてあげる環境があったから**ではないかと思っています。

子どもの好きな気持ちや才能を伸ばすということに目を向けるのであれば、できるだけ子どものやりたいことをやらせてあげるのがおすすめです。

現役保育士 てぃ先生

第3章

いよいよスタート!
入園1ヶ月

QUESTION 13

保育園に慣れるまで、気をつけたいことは？

子どもの欲求に応えるだけでOK！

教えてくれたのは…

てぃ先生
現役保育士

子どもは保育園という新しい環境の中で頑張っています。まずはそのことを忘れないであげてください。そして、**外で頑張ってきた分、お家ではしっかり充電してあげる**ことを何よりも大事にしてほしいと思います。

新しい環境に慣れるまでは、お家の中で何かしら変化があるでしょう。例えば、まだおしゃべりのできない0歳児なら**泣くことが多くなったり、授乳の回数が増えたり**。1歳以降なら、抱っこをせがむことが増えたり、今までは自分でやっていたお着替えを「**ママがやって〜**」と甘えてきたり。年長さんになって、「**ごはん食べさせて」と甘えるのもよくあること**。

親御さんとしては、着替えや片づけなど、保育園でできていることは家でもやってほしいと思いますよね。でも、自分を振り返ってみてどうでしょう？　**会社ではピシッとしているけど、家ではだらけてリラックスしていませんか？**　子どもも同じなんです。

もちろん、子どもたちにとっては保育士も甘えさせてくれる存在ですが、みんなの先生なので、100%気持ちを満たしてもらうのは難しいもの。だから、園で満たされなかった分をお家で満たしてもらいたいし、**甘えたい欲求を満たしてもらうことで、明日もまた頑張れます。**

「わがままになるかも……」なんて心配は無用！　本人が望んでいないことまで先回りしてやるのは「甘やかし」ですが、欲求があったときに応えるのはとてもいいことです。エネルギーチャージのためには、素直に甘えられる環境を意識してみてください。

QUESTION 14

慣らし保育（慣れ保育）って、どんなもの？

子どもだけでなくみんなが新しい環境に慣れるための期間です

てぃ先生
現役保育士

慣らし保育の期間は園によっても年齢によっても違いますが、**子どもが少しずつ保育園に慣れていくように、だいたい1～2週間ほどかけて**（慣らし保育のない園もあれば1ヶ月ほどかける園もあります）、**預かり時間を1～2時間から通常保育の時間まで延ばしていきます。**

これまでほぼ自宅で過ごしていた子どもにとっては、慣れない場所で、初めて会う大人や子どもたちと一緒に過ごすことになります。新しい環境というのは、大人と同じように子どもも疲れます。そこで、**慣らし保育でなるべく子どもに負担がかからないようにしながら、パパママと離れて過ごすことに慣れていってもらう**のです。

パパママにしても、初めての園生活で生活が劇的に変わりますし、保育園に預けることや、子どもの姿が見えない状態で日常を過ごすことに慣れていく必要がありますよね。つまり、**慣らし保育は子どものためであり、パパママのためでもある**のです。

さらに言えば、**僕たち保育士のためというのもあります。子どもたちに安心して保育園に通ってもらうためには、愛着関係を結ぶことがとても大事です。そのためにも、慣らし保育の期間にその子の個性を知り、スムーズに通常保育へと移行できるようにしていきます。**

慣らし保育期間中はパパママも保育士も時間をつくりやすいため、たくさんお話しすることができます。さまざまな情報を共有して連携を深めていくためにも、慣らし保育の期間を有効に使えるといいですね。

Q.6

慣らし保育中はどんなことが起こりましたか？

ひろさん

0歳入園だったこともあり、慣らし保育開始早々に「**保育園の洗礼**」を受け発熱。慣らし保育が進まず、**職場復帰を2週間遅らせてもらいました。**

あこさん

下の子は5ヶ月で入園したので**搾乳がつらかった**（もっと一緒にいたかったが、そのタイミングで入れないと1歳になり保育園に入れない可能性があった）。

匿名希望さん

完母で育てたら、**哺乳瓶拒否**。コップやスプーンで少しずつ水分をとらせてくれていたようで、手がかかって申し訳なかった。そのときは周りの子が哺乳瓶で飲んでるのに、なんでうちの子はダメなんだろうと悩みました。

うのきさん

慣らし保育で最初に園の先生に娘を渡したときは、切なかったしあの感情はなかなか味わえない貴重な経験でした。**パパにもぜひ慣らし保育を積極的に参加してほしいなと思いました。**あとで奥さんと共通の話題で盛り上がれたりするので（あのときギャン泣きで大変だったね、2日目にはケロっとして園の奥に入って行ったときはそれはそれでさみしかったね、など）。

匿名希望さん

【第1子】1歳7ヶ月でのスタートだったのでいろいろわかっていて**初日からこの世の終わりのような顔で大泣き**し、その姿に心が痛み私も泣きながら保育園近くのマックで過ごしました。その後も慣れるまで頑なに飲まず食わずで過ごしていたので**通園を諦めかけた**くらいです。
【第2子】慣らし保育**初日からよく食べてよく寝て主のように過ごしていた**ので、2日目からいきなり半日保育にステップアップ（笑）。
【第3子】預けられることには抵抗がなくスムーズでしたが、**すぐに発熱や感染症になり**、行っては休み行っては休みと慣らし保育スケジュールがグダグダなままGWに突入しました。保育園に通うよりも**小児科へ行った回数のほうが多かった**気がします。

うちのたまさん

通っている園は慣らし保育が5日間しかなく、よくわからず仕事も5日後の週明けから開始にしてしまいましたが、初日迎えに行くと既に鼻水に目やに……発熱が続きすぐに仕事を休むことに。園の指定の慣らし保育が短くても**仕事を始めるのはもう少し余裕をもってがよかった**なと思いました。

まききさん

とにかくしょっちゅう鼻水が垂れていて、それを放置しておくと、発熱したり、中耳炎になったり、風邪がひどくなったりすることが多かったです。そこで**電動鼻水吸引器「メルシーポット」を購入**。病気になる手前で引き返してこられることが増えたし、寝る前に吸引すると寝つきもよくなるし、小学校に上がってからもまだまだ使っているし、本当に買ってよかった。口で吸う簡易的なタイプのものは、親が病気をもらっちゃってダメでした。

ドリーさん

0歳7ヶ月で預けたためか、子どもが泣いたりはしなかった。**慣らし保育期間中から突発性発疹《はっしん》になった**。園に慣れた2～3ヶ月目で預けるときに泣きじゃくり、声がカスカスのハスキーになっていた。最初は送迎も病気の時の対処もすべて私（妻）担当だったが、あまりに大変で途中でギブアップ。**最初から夫ときちんと役割分担すべきだった**。

あんちゃんさん

朝、泣いてる子どもと離れるのがつらかった。それと、**連絡帳や電話など保育園とのやり取りに慣れなかった**こと。ある日連絡帳がカバンに入っておらず、しかもその日だけ帰る前にミルクを飲んでいなかった。大泣きする子に何時間もミルク以外の方法を試していて、お腹がすいてた子どもに申し訳なかった。躊躇してしまっていたけど、**もっと気軽に保育園に電話したり、先生とコミュニケーションをとったほうがいいんだな**～と学びました。

佐々木さん

小さいうちから預けること自体に、**私自身が不安定になったことが一番苦労した点**でした。泣き叫ぶ子に手を振り仕事に向かうのは、今でも心が痛みます。

Cさん

0歳児から預けていたので、**初めて食べる食材は必ず家で食べるように**ということでリストを園からもらい、こなすのが大変でした。

QUESTION 15

慣れない入園1ヶ月の親子に保育士さんからメッセージをお願いします！

保育のプロがついているから、安心してください！

教えてくれたのは…
てぃ先生
現役保育士

入園してからの1ヶ月。**ようやくリズムができてきたと思ったら、ゴールデンウィークで振り出しに逆戻り。**そんな感じで、最初の1~2ヶ月は、なかなか落ち着かないかもしれません。平日は一緒にいる時間が短いからと週末にお出かけの用事を詰め込むよりも、家でゆっくりする時間を多めに確保しておいたほうが、家族みんなのためにもいいかもしれませんね。

子どもの発熱や保育園からの急な呼び出しなど、保育園生活ならではの現実が我が身に降りかかってくると、「子どもを預けてまで仕事をすべきなのか」と悩んでしまうこともきっとあると思います。

子どもが小さいうちはとくに、多くの時間を一緒に過ごしたいと考える方が大半だと思います。それでも預けることを決断したのにはそれぞれに理由があると思いますし、**考え抜いた上での選択であれば、それはすべて正解だと僕は思うんです。**日中は離れて過ごしていても、お家で**たくさんスキンシップやコミュニケーションをとったりすれば、それで十分に愛情は伝わるから心配しすぎなくても大丈夫。**

もし、「小さなうちから保育園に預けてかわいそう」という人がいても、**「保育のプロと一緒に子育てできるからラッキーなんだ」**と考えてみてください！

僕たち保育士は資格を持ったプロですから、子どもの発達においては、むしろプラスになることも多いはずです。**何より、子どもも大切ですが、皆さんの人生だって同じように大切です。ご自身の「やりたいこと」もぜひ優先してください。**

QUESTION 16

連絡帳って何を書けばいいの？

「今日も元気です」のひとことでも問題なし！

てぃ先生
現役保育士

毎日、連絡帳に書きたくなるようなエピソードなんてないですよね。だから、「何か書かなきゃ」と気負わなくて大丈夫です。

もちろん、「〇〇が食べられるようになりました」とか、「お休みの日にどこどこへ行きました」などが書いてあれば、コミュニケーションのきっかけにすることはあります。でも、**何も書いていないからコミュニケーションがとれないということは絶対にないので、書きたいことがあるときに書く、というスタンスでいいのではないかと思います。**

いつもより睡眠時間が短かった、鼻水が出ているなど、体調に関することはしっかりと書いていただきたいですが、いつもと変わりなく元気な様子であれば**「今日も元気です」のひとことだけで十分**です。もし、それさえも書く時間のない朝は、「〇」**だけでもいいと思います。**実際に、〇だけでもOKという園もありますよ。

乳児クラスでは、睡眠や食事の内容を書く欄があると思います。そちらについても**「こんな食事じゃどう思われるだろう」なんて頭を悩ませる必要はまったくなくて、ありのままを書いてもらうのが一番助かります。**

連絡帳では朝からごはんをしっかり食べているはずなのに、お腹を空かせていてお昼が待ち遠しい様子があったら不思議じゃないですか。**連絡帳に本当のことが書いていないと、保育に役立てることができない**んです。

もちろん園によって考え方は異なるので一概には言えませんが、気負わず、飾らずが鉄則なのは変わらないと思います。

QUESTION 17

気になること、保育士さんに聞いても大丈夫？

もちろんです！聞くことのメリットのほうが大きいです

教えてくれたのは…

てぃ先生
現役保育士

まず、知っておいていただきたいのは、**保護者とお話をするのは、保育士の業務のひとつ**であるということ。**「こんなこと聞いて心証が悪くならないか」と心配する必要はまったくないですし、園と保護者の連携という面からも、気になることは迷わずお話しいただいたほうが僕たちも助かります。**

立ち話で済む程度の内容でしたら、朝夕の送迎時に話しかけてくだされればいいと思います。よりじっくり落ち着いて話したいという場合は面談の日時を設定するので、連絡帳でお知らせいただくか、送迎時にご相談いただくのがよいと思います。

保育士はシフト制で働いていて、限られた人数で子どもたちを見ているので、**ひとりの保育士が長時間保育室を空けることが難しい**のが実情です。ですから、相談を受けた当日に、長時間を確保できないことのほうが多いと思います。できれば面談の日程は余裕を持ってご提案いただけると助かります。

もし、担任の保育士に対してのお悩みがあって、この先生と3月まで二人三脚で子どもを育てていくのは支障がありそうだと感じているなら、**主任の先生や園長先生に相談する**のがいいと思います。そうすると、担任の先生にはお話がいきますし、**保護者の匿名性はきちんと守られることのほうが圧倒的に多いので、担任と気まずくなることもない**と思います。

不満をためて爆発してしまう前に、小出しに解決していくほうがお互いにとって、いいことだと思います。

QUESTION 18

園生活で子どもが疲れやすいのはどんなとき？

大人と一緒で週末はお疲れぎみかもしれません

てぃ先生
現役保育士

教えてくれたのは…

大人と同じで、子どもも**週末が近づくにつれて1週間の疲れが出やすい**傾向にあります。

ただ、子どもの疲れって、大人のように「元気がなくなる」「ひたすら休みたい」というのとはちょっと違います。

それよりも、**いつも以上に甘えたい気持ちが強くなったり、反対に興奮ぎみになったり、行動の変化にあらわれやすい**のが特徴です。

誰の目から見ても「ああ、疲れているよね」という状態になりにくいので、パパママにとっては最初はわかりにくいかもしれません。まだ発語のない乳児さんの場合は、なかなか泣きやまない、授乳回数が増えるという話もよく聞きます。

また、普段とは違う活動をした日も、子どもは疲れが出やすいです。遠足や運動会などの行事はもちろんですが、普通の日でも、いつもは仲の良いお友達とケンカをした日や、使いたいおもちゃが使えずに不満がたまった日など、**体の疲れだけではなく気持ちの疲れによる影響も強く出ます。**

いつもより甘えているなぁと思ったら、園での様子を聞いてみるのもいいかもしれません。

子どもが疲れているときは、いつも以上にスキンシップをはかって、できれば甘えられるようにしてみてください。週末が近づくとママもパパもお疲れ気味だとは思いますが、例えば、子どもが普段は自分でやれているお着替えを、「手伝って」と求めてきたら、できる範囲で応えてあげられると子どもは気持ちが満足しやすいです。

QUESTION 19

保育士さんから
保護者へ
お願いしたいこと
はありますか？

入園のしおりと園からのお便りにしっかり目を通していただけるととても助かります！

教えてくれたのは…

はる先生
現役保育士

「お休みの連絡は何時までに」「汚れ物を入れる袋はこんなもので」

保育園には細かなルールが多く、親御さんにとって最初はわかりにくいかもしれません。ただ、ルールは暗黙の了解ごとではなく、**大切なことはすべて入園前にお渡しする配布物に書いてあります。**

ルールに関して「知らなかった」とおっしゃる方もいるのですが、**もし、しっかり目を通していなければ、ぜひ入園のしおりを開いてみていただけると保育士も助かります。**

入園のしおりや配布物を見てもわからないときや、気になることがあるときは、気軽に担任に相談してみてください。

「この日から水筒を用意してください」「この日は〇〇活動をするので汚れてもいい服で登園してください」といった季節ごとのお知らせは、園からのお便りに書いてあるはずです。お便りには毎度目を通していただけると、忘れ物なく過ごせます。

もうひとつ、**緊急連絡先の中に職場を指定されている方は、お休みの日は「今日は出社しません」と教えていただけると助かります。**お休みの日にお子さんを預けてリフレッシュするのは個人的にはよいことだと思うのですが（園によりルールが違いますが）、「仕事です」とおっしゃっていて発熱のご連絡を会社にしたら、「今日はお休みです」と聞き、気まずい思いをすることが……。災害時にも困ることがあるかもしれません。

休みと伝えにくい場合は、せめて、**「今日は外出なので何かあったら連絡はスマホにお願いします」**など、ひとこと伝えておいていただけると、保育士としては安心です。

もっと聞きたい！ 専門家コラム 3

父母会って何？

保育園の父母会は、小学校のPTAのようなものです。名称は「父母の会」「パパママの会」などいろいろですが、すべての園に存在するわけではありません。近年は保護者の負担を減らすためか、やや縮小傾向にあるようです。

父母会のある園の中には、保護者の負担の公平を期すため、在園時に一度は役員をすると決まっている園もあります。入園してから父母会の存在を知ったというケースは案外多いので、保育園見学のときなどに確認しておくといいでしょう。

父母会の役割としては、園行事のサポート、イベントの開催、任意のボランティア活動の呼びかけ、保護者同士の交流、園との交渉などが一般的なようです。父母会からのお知らせを受け取るLINEグループが設定されているところも多いでしょう。中には父母会が予算を持って親を対象に外部講師を招いてセミナーを開催したり、子どもを対象に演劇や音楽会などのイベントを開催したりするところも。公立園では、父母会が保護者にアンケートを実施し、自治体への要請を取りまとめることもあるようです。

面倒そうなイメージがあるかもしれませんが、父母会という形でなくても、保護者同士のコミュニティーを大切にしているのはいい保育を実践しようとする園の特徴のひとつです。

また、父母会とは異なりますが、年長になると「卒園対策委員会」がつくられることも多く、卒園時の茶話会の実施、卒園記念グッズや卒園アルバムの制作などを担当します。保護者によってアルバム制作などへの熱意に差があると大変という話を聞く一方で、委員を担当した親同士の絆が深まったという話も耳にします。

子育て支援企業こころく代表 **山下真実**

第4章

大変だけど
みんなが通る道、
病気のこと

QUESTION 20

「保育園の洗礼」って何？何年も続くもの？

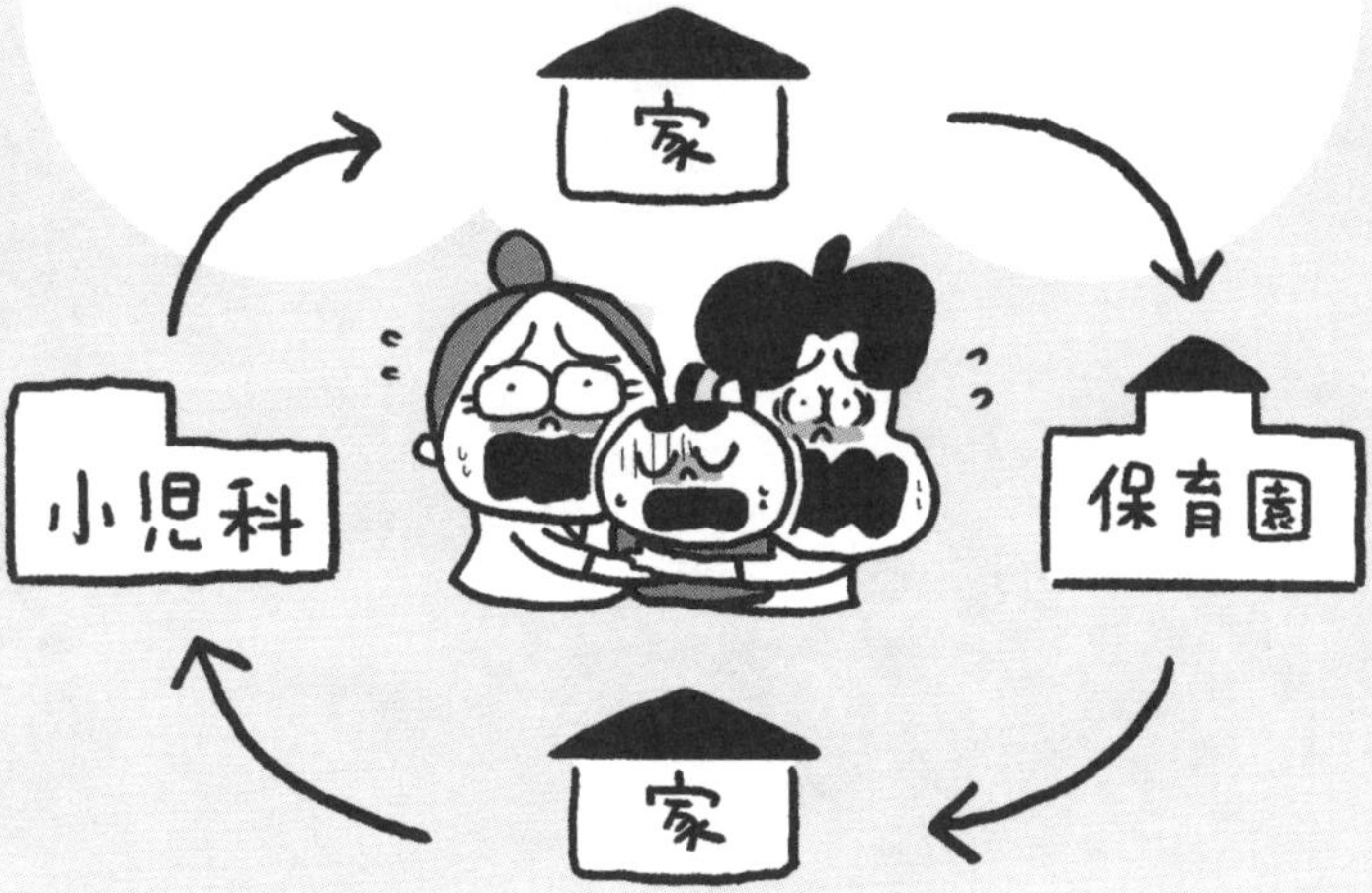

立て続けに感染症にかかること。でもずっと続くわけではありません

今西洋介
新生児科医・小児科医

いわゆる「保育園の洗礼」とは、**子どもが保育園に入園したとたん、風邪や胃腸炎など次から次へと感染症にかかり、登園できない状態が続くこと**を指します。RSウイルス感染症、ヒトメタニューモウイルス感染症など、親御さんがこれまで聞いたこともない感染症と出合っていくかもしれません。「保育園症候群」とも呼ばれますが、どちらも医学用語ではなく俗称です。

保育園に入園すると、一気に多くの人と接することになり、自ずとウイルスや菌をもらう機会が多くなることが理由と考えられます。個人差はありますが、長くても**入園から9〜10ケ月ぐらいで落ち着いてきます**ので、**「この先もずっとまともに登園できない？」と心配しなくて大丈夫です。**

てぃ先生
現役保育士

保育園では手洗いや消毒などの衛生面にものすごく気を配っています。さらにコロナ以降はより一層の感染対策をしています。

それでも**感染症にかかる、うつされるということは避けられません。乳児クラスなら、1年に10回くらい風邪を引く**子は多いですし、年齢が上がっても、**1年間通って、1回も病気をしない子はかなり少ない**と思います。

保育園からのお迎え連絡には誰が対応するのかを入園前に相談しておき、入園後も今週は忙しくて急なお迎えは無理というときには、誰にお願いできるかを考えておくことも大切です。また、**病後児保育やシッターさんなど、いざというときに頼れる先の確保は、入園が決まったらすぐにでも取りかかるようにしておくと安心です。**

Q.7

「保育園の洗礼」はありましたか?

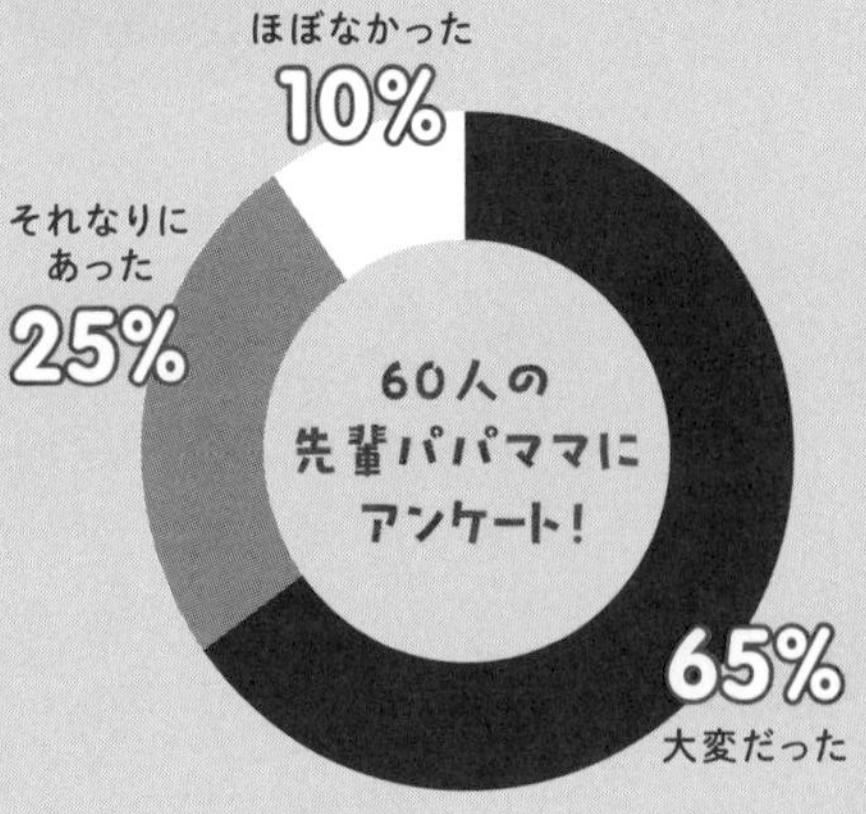

大変だった

おがさん
1週間に1回は発熱で早退、病院、薬を飲むを繰り返していましたが、**通い始めて3ヶ月ほどで落ち着いた**ように思います。熱が出ても自然に下がったりすることもあったので、病院へ行くタイミングを見誤って、鼓膜が破れるほどの中耳炎になってしまい、とても反省しています。今思えば全然泣きやまなかった日があったので、**少しでもいつもと違う様子ならすぐにでも診てもらう**のがいいと思います。

クニさん
5月までは両親ともに毎週寝込んでいた。名もない菌に次々やられ、機嫌の悪い子どもと大人が同じ空間にいる大変な日々だったが、徐々に強くなり次男の入園時には大人は問題なかったので**まずは大人が元気でいることが重要**だなと思った。

あかねさん
長男はとにかく熱を出して大変だった。通って3ヶ月ほどで落ち着いた。次男は体が強くあまり休まないので助かる。**子どもの食べ残しは食べない**、帰ったら**なるべく先にお風呂を済ませる**、少し**きつそうだなと思ったら休ませる、早退させる**で予防している。

ドリーさん
突発性発疹から始まり、手足口病、ヘルパンギーナ、胃腸炎、胃腸炎による乳糖不耐症、そのほかにも毎週のように中耳炎による発熱で、1年目で感染症スタンプラリーがほぼ埋まるくらいに洗礼が激しめだった。0歳でRSウイルスに感染したときは、毎晩咳で子どもが眠れず、常に親のどちらかが抱っこしていたため、寝不足で家族全員目がうつろだった。私は常に**副鼻腔炎**。夫は**手足口病や扁桃炎**になり、夫が離脱している間はワンオペ看護……、地獄のようだった。大規模園が合わないのだと思い転園を本気で考えたが、自治体の転園の手続きがあまりに面倒だったため諦めた。2年目以降もさまざまな感染症にかかったが、発熱の回数は減ってきている。夜明けは近いと信じている。

匿名希望さん

上の子は**鼻水が出るとすぐに中耳炎になって何度も切開**をしたので、耳鼻科通いが大変だった。仕事も通院のため早退していた。胃腸炎は1週間続き、母もうつった。**栄養学**を学び、毎日の食事の献立に生かし、体を強くした。そのおかげか下の子はほとんど病気になることがなかった。

おかあさん

上の子はとくに保育園の洗礼を受けまくりで育休明けに**40日あった有休が1年もたずになくなりました。RSウイルスで入院**したときはもういろんな意味で絶望でした。子どもも熱が下がらずぐったりしてるし、仕事は3週間ほど休むことになるし……思い出すとよく頑張ったと思います（笑）。

匿名希望さん

兄弟が同じ保育園に通っていて、**ひとりが病欠だと、もうひとりも自動的にお休みになるルール**の園です。そうなると、元気なほうも家にこもらねばならずつらそう……と思っていたら家庭内感染が起こり、元気なほうが病気になり、病気だったほうが回復。結果なかなか登園できず、うまくいきません。

もえさん

第1子のときは産休前と同じ水準に戻りたい、復帰後早期に立ち上がって活躍したい気持ちが先走り、育児との調整でバタバタと余裕がなくミスも連発していましたが、第2子のときは**「半年は病気になるもの」という前提**で会社とも自分の気持ちとも期待値調整（時短復帰も含め）ができていたので、ある種の諦めにより各方面に罪悪感なくいろいろと進められていると思います。**親のメンタル安定は家庭にとって吉**だと実感しています。

夏みかんさん

やはり3歳までは風邪などのオンパレードだった。フリーランスのため、**子どもが小さい頃は、ギリギリまで仕事を入れないようにしていた**（怖くて目一杯は入れられなかった）。

もたいこまさこさん

入園後、5～7月くらいまでは2週間に1回は洗礼を受けて大人がおかしくなりそうなくらい大変だった。兄弟で同じ保育園に通っているため、**どちらかが発熱するとふたりとも休まないといけないのがつらい**。ひとり目は休みも多く、職場で多少のトラブルもあったが、次男を出産した頃からコロナの影響もあり在宅勤務が解禁になったので、仕事への影響が多少改善でき、切り抜けることができた。

うちのたまさん

仕事始めから発熱……そこから3ヶ月間は治ったり熱が出たりの繰り返しで、**ほぼ保育園へ通えませんでした**。でも仕事はあって……病児保育をかなり活用しました。私たち親も慣れない看病でうつってしまい、**私も2ヶ月近く体調不良**でした。**熱性けいれん**にもなり救急車で夜間病院にも行ったり、入院一歩手前の呼吸になり家で吸入したり、半年間はキツかったです。2年経って風邪をひきにくく、ひいてもすぐ治るようになってきたので、あのとき頑張ってよかった～（涙）って気持ちです。

匿名希望さん

体が丈夫なのか、**そこまで保育園の呼び出しは受けませんでした**。

少なかった

さいちゃんさん

コロナ中はいつクラス閉鎖になるかビクビクしていた。全体的には、**思ったより病気にならず**、拍子抜けした。

今西

感染症は冬と夏に流行のピークを迎えるのが例年の流れです。ただし流行時期はその年によって違い、一時的に大きく変動することもあります。

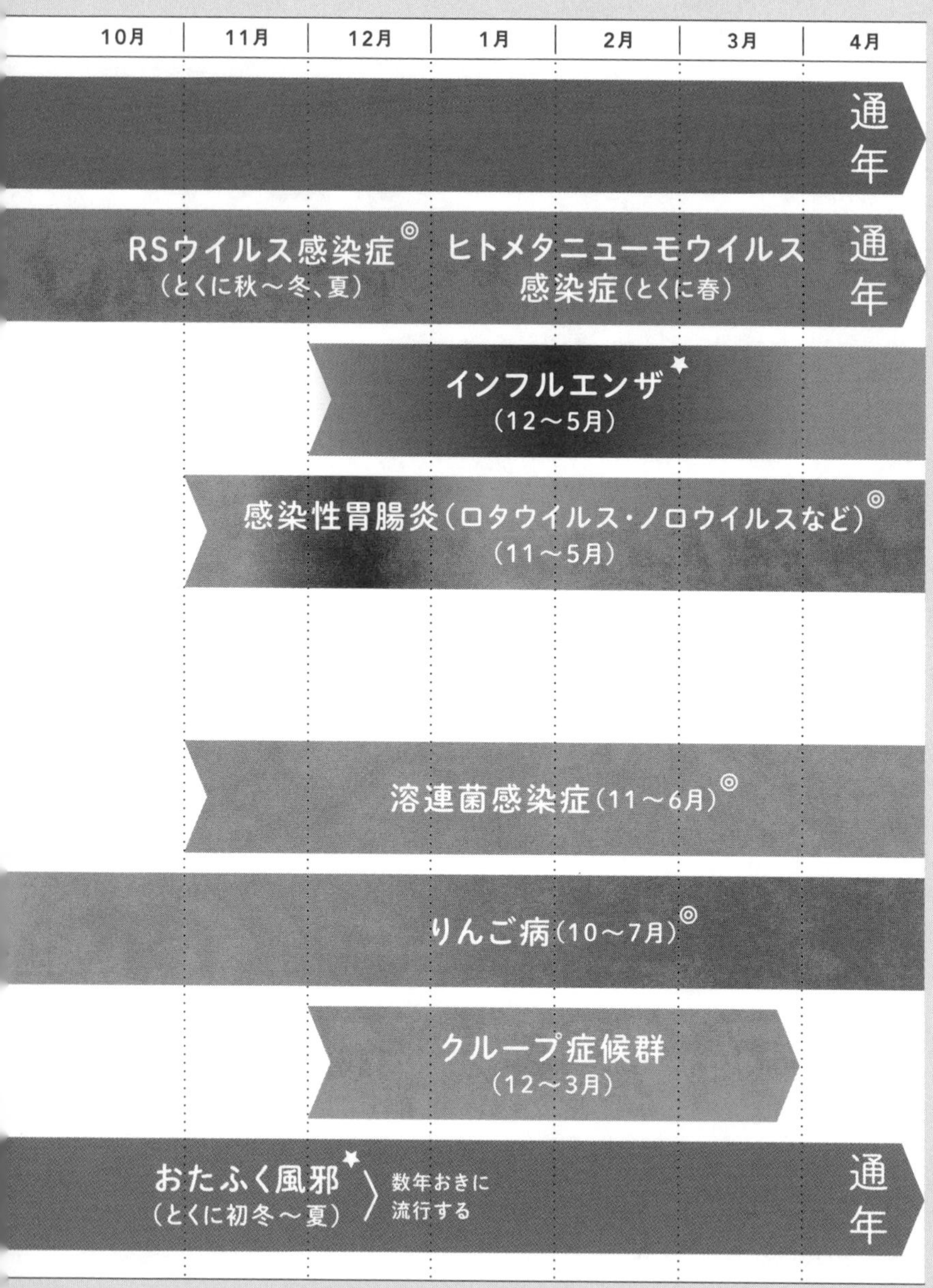

保育園生活で知っておきたい

子どもがかかりやすい 主な感染症・流行カレンダー

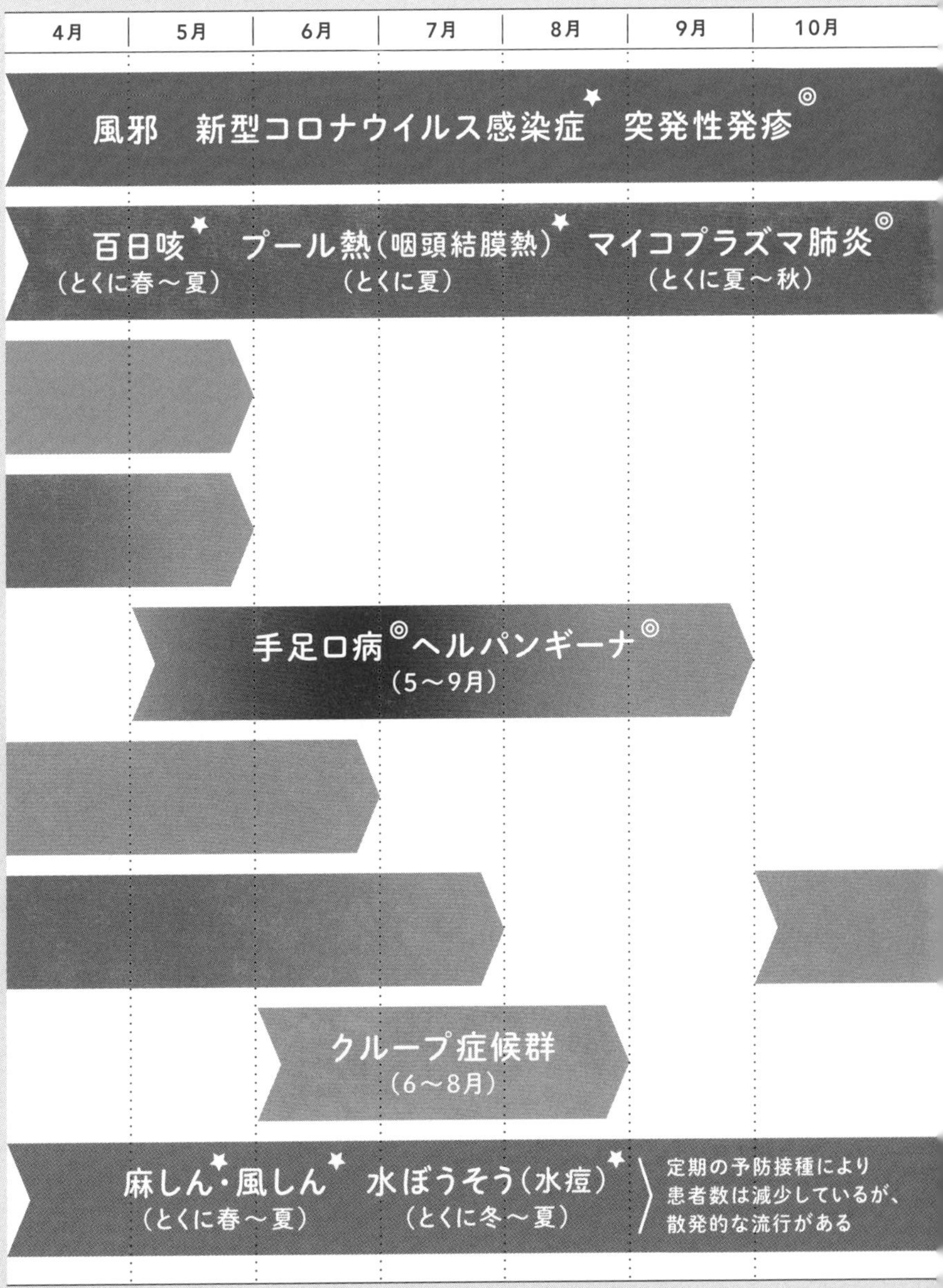

※ ★は医師が登園許可証（意見書）を記入することが考えられる感染症です。
◎は医師の診断を受け、保護者が登園届を記入することが考えられる感染症です。

症状や看病のポイントなど

知っておきたい 子どもの感染症ミニガイド

新型コロナウイルス感染症

［ワクチンの有無］
新型コロナウイルスワクチン（任意）

［原因/症状や潜伏期間］
新型コロナウイルスで発症。潜伏期間はおおよそ5～6日。37.5度以上の発熱や喉の痛み、ケンケンと響くような咳が見られ、熱性けいれんを起こすこともある。

［流行時期］
通年

［看病のポイント］
発熱時はこまめに水分補給を。

［登園の目安］
発症後5日経過し、かつ、症状が軽快（解熱など）して24時間経過したあと。医師による登園許可証（意見書）が必要。

風邪（風邪症候群）

［ワクチンの有無］
なし

［原因・症状・潜伏期間］
鼻から喉にかけての「呼吸の通り道」に細菌やウイルスが感染して発症する。潜伏期間はさまざま。症状は発熱、咳、鼻水、鼻づまり、嘔吐や下痢など。

［流行時期］
通年

［看病のポイント］
発熱時はこまめに水分補給を。食事は本人が好きなもので、なるべく消化のいいものを食べさせる。

［登園の目安］
熱や嘔吐、下痢などの症状がなくなり、食欲が戻って機嫌がよくなったら。

感染性胃腸炎

［ワクチンの有無］
ロタウイルスワクチン（定期）

［原因・症状・潜伏期間］
ノロウイルスやロタウイルスで発症。潜伏期間は1～3日。激しい嘔吐や下痢が続く。便とともにウイルスを体内から出し切ると軽快するが、脱水症状にならないよう注意が必要。

［流行時期］
冬～春先

［看病のポイント］
水分補給は少量ずつこまめに。おむつ替えの際はマスク、手袋をし、手洗いを。吐しゃ物を片づける際は次亜塩素酸ナトリウム液（p92参照）で消毒。

［登園の目安］
嘔吐と下痢の症状が軽快し、食事ができて医師が診断して登園OKとした場合。

インフルエンザ

［ワクチンの有無］
インフルエンザワクチン（任意）

［原因・症状・潜伏期間］
インフルエンザウイルス（A・B・C型）で発症。潜伏期間は1～4日。38～40度の高熱が数日続き、咳、鼻水、頭痛、関節痛や筋肉痛などをともなう。気管支炎や肺炎、脳炎などの合併症が起こることもある。

［流行時期］
冬

［看病のポイント］
発熱時はこまめに水分補給を。解熱剤は眠れない、機嫌が悪いときにのみ使用する。

［登園の目安］
発症後5日経過し、かつ解熱後3日経過したあと。医師による登園許可証（意見書）が必要。

今西

保育園に通う子どもたちがかかりやすい感染症について、大事なポイントをお教えします！
※登園の目安は自治体や園によって違うことがあります。

プール熱（咽頭結膜熱）

［ワクチンの有無］
なし

［原因・症状・潜伏期間］
アデノウイルスで発症。潜伏期間は2～14日。39度前後の発熱、喉の痛みや腫れが見られる。目やに、目の充血をともなうことも。

［流行時期］
通年（とくに夏）

［看病のポイント］
喉の痛みがある場合はゼリーやプリンなど口当たりのよいものを与える。発熱が4日以上続く、水分がとれない、尿が12時間以上出ていない場合は再受診を。

［登園の目安］
主な症状が治まってから2日後。医師の登園許可証（意見書）が必要。

RSウイルス感染症

［ワクチンの有無］
なし
※慢性肺疾患などがある子どもに対しては重症化を防ぐ目的の筋肉注射があり、流行時期に毎月投与される。

［原因・症状・潜伏期間］
RSウイルスで発症。潜伏期間は4～6日。最初は咳、鼻水が出て、そのうち息苦しそうな呼吸に。発熱することもある。6ヶ月未満では呼吸器症状が重症化し入院に至ることも。

［流行時期］
通年（とくに秋～冬、夏）

［看病のポイント］
こまめに水分補給する。受診後に発熱が長引く、母乳が飲めないときは再受診を。

［登園の目安］
呼吸が普通になって咳や鼻水が軽快し、医師が全身状態良好と判断した場合。

ヘルパンギーナ

［ワクチンの有無］
なし

［原因・症状・潜伏期間］
手足口病の原因と同じエンテロウイルスなどで発症。潜伏期間は3～6日。突然39度前後の発熱が見られるが、2～3日で解熱。喉の奥に強い痛みのある水疱が多くできる。

［流行時期］
春～夏

［看病のポイント］
おむつ替えの際はマスク・手袋を着用。消毒は次亜塩素酸ナトリウム液で行う。

［登園の目安］
熱が下がって食欲が戻り、医師が全身状態良好と判断した場合。

手足口病

［ワクチンの有無］
なし

［原因・症状・潜伏期間］
コクサッキーウイルスやエンテロウイルスで発症。潜伏期間は3～6日。手、足、口の中に水疱《すいほう》性の発疹が出て、強く痛みを感じる場合もある。発熱や嘔吐をともなうケースも。

［流行時期］
春～夏

［看病のポイント］
喉の痛みが強いときは口あたりがいいものを。酸味のあるものは喉を刺激するのでNG。消毒は次亜塩素酸ナトリウム液で行う。

［登園の目安］
熱が下がって食欲が戻り、医師が全身状態良好と判断した場合。

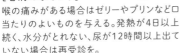

溶連菌感染症

[ワクチンの有無]
なし

[原因・症状・潜伏期間]
A群溶血性連鎖球菌で発症。潜伏期間は2〜5日。熱が39度前後出て、喉の痛みや腫れ、嘔吐、腹痛、頭痛などをともなう。発症から1〜2日後に胸やお腹、腕、太ももなどに発疹が見られたり、舌がイチゴ状になることもある。急性糸球《しきゅう》体腎炎やリウマチ熱につながることもあり注意が必要。

[流行時期]
冬、春〜初夏

[看病のポイント]
抗菌薬を処方されたら、指示された期間を守って服用する。喉の痛みが強いときは刺激物を避け、ゼリーやプリンなどの口当たりのよいものを与える。タオルなどの共有は避ける。

[登園の目安]
抗菌薬を飲み始めて24時間経過後で、医師が全身状態良好と判断した場合。

突発性発疹

[ワクチンの有無]
なし

[原因・症状・潜伏期間]
ヒトヘルペスウイルス6B、ヒトヘルペスウイルス7で発症。潜伏期間は9〜10日。高熱が3日程度続き、解熱後にお腹や背中にかゆみのない発疹が発生(数日で消える)。多くが2歳までにかかる。

[流行時期]
通年

[看病のポイント]
発疹が出ていても入浴はOK。熱が4〜5日続く、解熱せずに発疹が出た、発疹をかゆがったり痛がったりする場合は再受診を。

[登園の目安]
医師が全身状態良好と判断した場合。発疹が出ていても感染する可能性はないので登園可。

りんご病(伝染性紅斑)

[ワクチンの有無]
なし

[原因・症状・潜伏期間]
ヒトパルボウイルスB19で発症。潜伏期間は4〜14日。発熱やだるさとともに、両頬が赤く腫れたり、腕や太ももにレース状の発疹があらわれる。発疹は1〜2週間程度で消失。かかると免疫ができ、二度とかからない。

[流行時期]
秋〜春、夏

[看病のポイント]
発熱時はこまめに水分補給をし、自宅で安静にする。頬や腕をかゆがる場合は日差しを避け、入浴もシャワーで済ます。妊婦が感染すると胎児水腫や流産の危険があるので接触を避ける。

[登園の目安]
医師が全身状態良好と判断した場合(発疹が出ていてもすでに感染力はないので登園OK)。医師の登園許可証(意見書)が必要。

百日咳

[ワクチンの有無]
4種混合ワクチン(定期)

[原因・症状・潜伏期間]
百日咳菌で発症。潜伏期間は7〜10日。感染力が非常に強い。風邪症状ののち、コンコンと咳き込み、咳の最後にヒューと特有の音がする。夜中〜明け方に症状が激しくなるため、寝不足になりやすく要注意。3〜4週間で回復するが、完治までには2ヶ月程度を要する。

[流行時期]
通年(とくに春〜夏)。大流行する年がある。

[看病のポイント]
処方された抗菌薬をきちんと飲み切り、部屋を十分に加湿する。また少量ずつこまめに水分補給を。新生児も感染するので、可能ならすでに感染した子どもと寝室や生活空間を分ける。

[登園の目安]
5日間の抗菌薬を飲み切り、特有の咳が消えたあと。医師の登園許可証(意見書)が必要。

次亜塩素酸ナトリウム液のつくり方 [500mlのペットボトルに塩素系漂白剤をキャップ2杯分入れ、水を上まで加えて薄める。手指には使わない。誤飲に注意。]

水ぼうそう（水痘）

［ワクチンの有無］
水痘ワクチン（定期）

［原因/症状や潜伏期間］
水痘、帯状疱疹《ほうしん》ウイルスで発症。潜伏期間は14～16日。感染力が強い。微熱が出たあと、顔や頭から全身にピンクの発疹が出る。その後、発疹は膨らみ、水疱になって3日後でかさぶたになる。

［流行時期］
通年（とくに冬～夏）

［看病のポイント］
こまめに水分補給をし、自宅で安静に。喉に発疹がある場合は、口当たりがいいものを。発疹をかき壊さないよう爪は短く切る。

［登園の目安］
すべての発疹がかさぶたになったあと。医師の登園許可証（意見書）が必要。

風しん

［ワクチンの有無］
麻しん風しん混合（MR）ワクチン（定期）

［原因・症状・潜伏期間］
風しんウイルスで発症。潜伏期間は16～18日。感染力が強い。37～38度の発熱があり、ピンク色の発疹が全身に広がる。

［流行時期］
通年（とくに春～夏）

［看病のポイント］
発熱時はこまめに水分補給をし、自宅で安静に。発熱が4日続く、ぐったりしている場合は再受診を。妊娠初期の妊婦が感染すると、胎児が先天性風しん症候群を発症する可能性があり要注意。

［登園の目安］
発疹が消えたあと。医師の登園許可証（意見書）が必要。

おたふく風邪

主な症状は1～6日続く発熱と耳下腺《じかせん》や顎下《がっか》腺《せん》の腫れ。感染力が非常に強い。髄膜炎や難聴など合併症に注意。1歳から任意の予防接種あり。数年おきに流行が見られる。

クループ症候群

犬またはオットセイの鳴き声のような低い音の咳が特徴。炎症を抑えるためにステロイド薬が処方されることがある。

ヒトメタニューモウイルス感染症

RSウイルスに似た症状で発熱や咳、鼻水など。悪化すると喘息のような症状が出る。3～4歳に多いが、乳児や大人にも感染する。

マイコプラズマ肺炎

感染して2～3週間後に発熱や頭痛、だるさがあらわれ、しつこい咳が1ヶ月弱続く。炎症を抑えるためにステロイド薬が処方されることがある。

※このほか、結核、流行性角《かく》結膜炎、急性出血性結膜炎、O157、水いぼ、とびひ、アタマジラミ、疥癬《かいせん》、帯状疱疹なども適切な対応が必要とされる感染症です。

はしか（麻しん）

［ワクチンの有無］
麻しん風しん混合（MR）ワクチン（定期）

［原因・症状・潜伏期間］
麻しんウイルスで発症。潜伏期間は8～12日。感染力が非常に強い。咳や鼻水、発熱などが3日以上続き、いったん解熱後、頬の内側に白い発疹（コプリック斑）が出て、半日後に小さな発疹が全身に発生する。肺炎や脳炎を合併すると重症になるため注意が必要。

［流行時期］
通年（とくに春～夏）

［看病のポイント］
発熱時はこまめに水分補給をし、自宅で安静に。発熱が4日続く、ぐったりしている場合は再受診を。

［登園の目安］
解熱後3日を経過したあと。医師の登園許可証（意見書）が必要。

予防接種（定期／任意）のある感染症です。　アルコール消毒が有効な感染症です。　次亜塩素酸ナトリウムでの消毒が有効な感染症です。

部位・器官別

子どもの病気・からだのトラブル

感染症以外にも子どもがかかりやすい病気や症状はさまざま。
からだのどこをチェックしてあげるといいか、
部位別にご紹介します。

乳糖不耐症などがある。またストレスで下痢になることも。原因は特定しづらく、脱水症状の危険もあるので、症状が強い、活気のないときは小児科へ。

耳のトラブル

中耳炎

鼓膜の内側の中耳に、ウイルスや細菌が付着して炎症が起きる。痛み、聞こえづらい、耳だれなどが主な症状。原因はさまざまで、鼻水をすすることが原因の場合も。抗生剤を一定期間服用することで回復する。

外耳道炎

耳の入口から鼓膜までの外耳に炎症が起きる病気。耳の痛みや耳だれが主な症状。プールや海は耳の中に汚れた水が入り、より化膿しやすい状況になるため、治療中は避ける。

耳掃除によるトラブル

家庭での耳掃除は、耳の内側が傷ついてしまったり、掃除中にきょうだいがぶつかるなどの事故のリスクがあるので要注意。耳あかは家庭では取らず、耳鼻科で取ってもらうのが基本。

鼻のトラブル

鼻水・鼻づまり

鼻に入った異物や刺激物を体外へ押し出すために出るのが鼻水。量が増えると中で

肌トラブル

おむつかぶれ

肌に便や尿の成分が長時間付着することで発生。肌が赤くなって痛みをともなうことも。こまめにおむつ替えをし、1週間くらいで治らない場合は小児科か皮膚科へ。

あせも

汗腺の出口に、汗やほこり、垢などがたまり、詰まることが原因。頭や首、わきの下、ひざの裏、ひじなどに白っぽい発疹が見られる。かき壊すと化膿《かのう》することもあるので、シャワーをしたり汗を拭いて肌を清潔に保つ。

じんましん

ブツブツができたり、痛みやかゆみをともなう肌トラブル。食べ物やペットなど特定のものに触れたあとにじんましんが頻発する場合は、医療機関で一度アレルギー検査を。

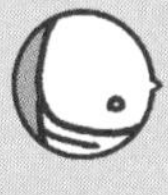

お腹のトラブル

便秘

1週間に2回以上、もしくは3日間連続で便が出ない状態が便秘症。できるだけ水分と食物繊維をとることを心がける。寝汗などの脱水が原因で起こることも。小児科で便に水分を与える薬などを処方してもらえる。

下痢

便がゆるくなる理由は、感染性胃腸炎のほか、牛乳を飲むと下痢や嘔吐を引き起こすなうことがある。原因がウイルスの場合、感染するので家族間でタオルや寝具を共用しないことが大切。医師の登園許可証が必要。

ものもらい

汚れた手で目をこすることで、まぶたが細菌に感染。まぶたのふちや内側が赤く腫れてかゆみが出たり、化膿することがある。2日経っても赤みが消えない場合は小児科か眼科へ。

さかさまつげ

内側のまつげが眼球を刺激し、目が赤くなる、涙目になるなど症状が出る。2〜3歳になると自然と外向きになるが、まだ目やにが多い、頻繁に目をこする場合は、小児科か眼科を受診する。

鼻《び》涙《るい》管《かん》閉塞

涙が目頭から鼻の中へと流れる「鼻涙管」という管が貫通しておらず、涙が目にたまり、目やにが多くなるトラブル。鼻涙管は1歳までに自然貫通することが多いが、改善しないときは受診を。

呼吸・血液系のトラブル

気管支炎

気管支の粘膜にウイルスや細菌がついて炎症が起きる。一般的な風邪やインフルエンザから発症することが多く、発熱や激しい咳、たんなどの症状が見られる。熱が受診前よりも上がる、咳が止まらず水分がとれないときは、再度小児科へ。

川崎病

血管が炎症を起こす病気で、発熱、左右の白目の充血、手足や首が腫れる、発疹、真っ赤な唇とブツブツの舌など特徴的な症状があらわれる。診断が遅れると心筋梗塞などのリスクがあるので、すみやかに受診し、かかりつけ医の指示に従うことが大切。

固まったり、粘膜が腫れて鼻づまりに。息苦しい、食事がしづらい、機嫌が悪くなるなどの不具合が生じる。3歳になったら症状のないときに鼻をかむ練習を。まずは鼻で息を吸って出す練習からスタート。

［鼻をかむ練習法］

鼻から息を吸って
出す練習

片方の鼻を押さえ、
もう一方の穴から
息を出す練習

口のトラブル

虫歯

ミュータンス菌という細菌が歯に付着して虫歯になる。保育園の時期は最低でも1日1回しっかりと歯磨きを。

ヘルペス

単純ヘルペスウイルスを持つ家族との接触や、その家族が使ったグラスやタオルを介して感染。乳幼児の場合、口内炎や口の周り、喉に痛みのある水疱ができ、ごはんを食べるのも大変に。発熱する場合もあり、2〜4週間で回復。

歯磨きによるトラブル

歯磨きをしながら歩き回る、走る行為は、転倒した場合に歯ブラシで喉を突くという大きな事故につながることも。歯磨きをするときは動き回らないのが鉄則。

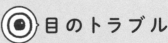

目のトラブル

流行性角結膜炎

白目部分が赤く充血し、目やに・発熱をとも

QUESTION 21

体調不良の前兆に気づくコツは?お休みさせる基準は?

普段と違う様子が見られたら無理させずお休みを

今西洋介
新生児科医・小児科医

発熱する前の傾向として、「元気がない」「食欲がない」「いつも遊んでいる時間に眠っている」などが挙げられます。その後に必ずしも熱が出るわけではありませんが、できれば保育園への登園は控え、自宅で様子を見られるとよいでしょう。**無理をして登園すると、回復が遅れるケースも見られます。**

「いつもと様子が違うけれど、受診すべきか迷う」というときは、**厚生労働省が管轄する「#8000（こども医療でんわ相談）」に電話をかけて相談するの**もおすすめです。子どもの症状への対処法や、病院を受診する目安などについて、小児科医や看護師などからアドバイスを受けられます。住んでいる都道府県によって実施時間帯が異なりますが、夜間や休日に利用可能です。

はる先生
現役保育士

体調を崩す前兆には、**「朝起きてこない」「普段は一重なのに二重になっている（またはその逆）」「なんとなく顔つきが違う」**など、「なんか、いつもと違う」感じがあるものです。

熱がなければ登園させるか悩むと思いますが、**私が母として基準にしているのは、「ほかの子がこの状態で登園していたら、自分はどう思うか」を考えること。**ここまで咳込んでいたらさすがに……と思ったら、その日はお休みを選択するようにしています。

基本的に、園で預かれるのは「健康な子」。**解熱後24時間が経過し、嘔吐下痢が治り、通常通り食事がとれることが登園の目安です。**熱が出たら、1日ゆっくり休んだほうが、その後の回復も早く、結果的に親も子もラクだと思います。

QUESTION 22

子どもが病気のとき家ではどんなケアをすればいい?

子どもが「気持ちいい」と感じるケアでOK

今西洋介
新生児科医・小児科医

教えてくれたのは…

おうちで病気の子どもをケアするときは、**子どもが「気持ちいい」と感じられるように着るものや環境を調節することが基本です。**

例えば発熱。熱が上がる前や熱の出始めは寒気を感じます。このときは着るものを増やし、部屋をあたたかくしてあげるのがいいでしょう。熱が上がり切ると今度は暑くなります。そのまま厚着だとつらくなってしまうので、薄着にする、室温を下げて気持ちよく過ごせるように調整してあげてください。まだおしゃべりできない赤ちゃんは、背中に手を入れて汗ばんでいるならお着替えを。

冷却シートは貼ると解熱するわけではないので、必ずしも貼る必要はありません。子どもが気持ちよさそうなら活用してOKです。**解熱剤は、熱で子どもが眠れない、機嫌が悪いといった場合に飲ませてください。熱があっても活気があれば必要はありません。**あとは水分をきちんととれているか、おしっこが出ているかの確認を。

咳が出るときは、呼吸が苦しくない姿勢を保ちましょう。赤ちゃんなら縦抱きにする、幼児なら寝るときに上体が少し高くなるようにするとよいでしょう。指で酸素飽和度を測定する機器（パルスオキシメータ）もありますが、つけ方にコツがあり、家庭で正しく測定するのは難しいためおすすめしません。

鼻水が出ているときに、**鼻水吸引器を活用するのはいいですが、1日1〜2回程度にしましょう。頻回に使用すると、かえって粘膜を刺激して腫れてしまうことがあります。**3歳になったら健康なときに鼻をかむ練習をすることをおすすめします。

QUESTION 23

子どもの病気は大人がかかっても軽症で済む？

大人がかかると重症化しやすいものがあります！

今西洋介
新生児科医・小児科医

教えてくれたのは…

子どもの看病をしていると、親にうつってしまうことがあります。中には大人がかかると症状が強く出やすい病気もあり、注意が必要です。

夏に流行する手足口病やヘルパンギーナがそれにあたります。手足口病はその名の通り、手・足・口に水疱性の発疹が出て、痛みをともなうことのある感染症です。大人がかかり重症化すると、入院に至るケースも。ヘルパンギーナは発熱、喉の痛み・水疱が特徴です。どちらも原因となるウイルスがひとつではないので、何度も感染してしまうことがあります。

ノロウイルスやロタウイルスによる胃腸炎も、大人がかかるとつらい病気のひとつ。感染力が強く、ロタで入院した子に付き添っている親御さんが感染してしまい、子どもが回復しても親御さんが退院できないケースがよくあります。

これらの感染症にはアルコールではなく、次亜塩素酸ナトリウム液で消毒を行う必要があることを覚えておいてください。

あとは**新型コロナウイルス感染症**も重症化のリスクがあり、要注意です。

「子どもが外から持ってくる菌はなぜ強力なの？」と聞かれることがありますが、**ポイントはウイルスの種類ではなく、「ウイルスの量」です。**子どもと接するときは、咳やくしゃみを至近距離で浴びたり、子どもが舐め回したおもちゃに触ったり、どうしても濃密に接触することになりますよね。子どもがウイルスに感染していれば、接触が多い分、**親の体に入るウイルスの量も大量になります。**そのため症状が重くなると考えられます。

QUESTION 24

家庭内感染を防ぐにはどうしたらいい？

生活空間はできるだけ分けて。

でもかかるときはかかります

今西洋介
新生児科医・小児科医

基本的なことですが、**体調が悪い家族とはできるだけ生活空間を分けましょう。家の中でもマスクを着用し、こまめに手洗いするのも有効です。** 育児中はやってしまいがちですが、子どもの食べ残しを口にするのはＮＧ。食事は時間をずらしてとるのが理想です。換気は十分に行い、換気扇はつけっぱなしにするといいでしょう。

排泄物からウイルスがうつる可能性もあるため、おむつ替えの際にマスクと手袋を着用しましょう。 トイレで排泄できるなら、フタをしてから水を流します。できれば、使用後は掃除や消毒ができるとより安心です。

家族間でタオルを共有しないことも原則です。例えばアデノウイルスが原因の結膜炎は、タオルを介してうつることがあります。歯磨き粉なども分けたほうがいいでしょう。

きょうだいがいるなら部屋を分け、元気な子どもは日中お出かけするなど、一緒に過ごす時間を減らせるといいですね。

とはいえ、子どもの年齢や家族構成によっては難しいのも現実です。さらに**対策をしたからといって、絶対に感染を防げるものでもありません。** わが家は3姉妹のいる5人家族ですが、子どもが小さい頃は家族総倒れになることがしょっちゅうありました。感染対策の知識がある小児科医の家でさえそうなのです。

うつるのはある程度覚悟の上で、「いかにウイルスの量を減らせるか」が感染対策の心得です。 また、せめて夫婦が共倒れにならないよう、看病の担当者を決めるのもおすすめです。

Q.8
自分が体調を崩すなどピンチのときは、どうやって切り抜けましたか？

実家が遠方組

はなえさん
実家（九州と大阪）の親に来てもらったことはありました。でも、**1回ずつくらい**かな。近くないので、ほとんど頼れませんでした。しばらく家事代行の**ベアーズ**に土曜に来てもらい、掃除などしてもらっていた時期も。当時近所に住んでいた自分の妹にかなりヘルプしてもらった（土日仕事に出かけなくてはならないときに預けたり、夜遅くなるときに来てもらったり）。

M子さん
両親ともに遠方で頼れないため、自分たちが体調不良のときはUberやその他宅配など**課金を惜しまず使って乗り切った。**また、**パズルなど集中する系のおもちゃ**をAmazonで即日宅配してもらいひとりで遊んでいてもらった。

ドリーさん
切り抜けられず、**ゾンビのように育児、家事、仕事をしていた。**

オタ森Davidさん
片方が元気なときは、ワンオペでとにかく頑張る。ふたりともダウンしてるときは、**症状が軽いほうが最低限のことだけやる**、もしくは親に頼る（住まいをお互いの実家の中間点くらいに決めました）。

もりのさん
実家の両親に助けられました。また、**同じマンションに住むママ友**が「いつでも買い物行くよ！」「子ども預かるよ！」と言ってくれるのも心強かったです。

実家が近所組

さゆさん
入園当初は**思い出したくないほど自分の体調が悪くて大変でした**。通勤中の電車で倒れたことも多数……。常に子ども→子ども→私で無限に風邪をうつしあい、なぜか自分が一番悪化していました。どうしようもないときは実家が近いため、実母に応援を頼みました。

子どもは保育園に

佐々木さん

送迎できる体力が残っていた際は、**子どものみ登園させてもらいました。**

マシケンさん

子どもは預けられるので、預けて**夫には在宅（勤務）を依頼。**

意外と多い！副鼻腔炎

マシケンさん

当方の復職2週間前に**一家全員胃腸炎**に罹患。その後続けて**RS**。子どもたちは無事回復したものの、当方はそのまま**副鼻腔炎となり、1ヶ月近く咳鼻症状が出たまま仕事をしていた。**

ワンダランドさん

入園時にふたり目妊娠8ヶ月で、そこから産後3ヶ月くらいまで、子どもたちも私もずっと風邪。私は薬も飲めなかったので**副鼻腔炎を繰り返して鼻腔を焼く手術もした。**

つらい！胃腸炎のエピソード

ゆーきさん

胃腸炎が家族ひとりずつにうつり、毎日誰かが嘔吐したためシーツの洗濯等の対応で一週間は寝不足が続いた。**手足口病が親にうつり、手足の爪がすべて剥がれた。**

はなえさん

家族全員、ロタになり、治ったと思って帰省したら、帰省先の両親や兄弟にうつり、**一族全滅**した。

うのきさん

全員胃腸炎になったときは大変でしたね～。おゲロまみれになったシーツも服も捨てました。

すーさん

子どもが0歳のときに**私と夫が食中毒を発症**（おそらく前夜の豚肉が原因）。子どもが保育園に行っている間に強烈な吐き気と嘔吐で動けなくなったが、実家が遠方で急に乳児の迎えを頼める人がおらず、私が苦しみながら迎えに行った。降園中に脱水症状で歩けなくなっていたら、通行人が集まってきて飲み物を買ってくれたり、家まで送ってくれて大変ありがたかった。子どもは元気だったため、直後の土日は**登録していたベビーシッターさん**に事情を話しお願い。週明けからは保育園に相談したところ、**「連れてこられるようなら、お子さんは登園していいですよ！」**と言ってもらい本当に助かった。結局回復するまで1週間ほどかかり、その後は食中毒にものすごく気をつけるようになった。

夏みかんさん

冬は胃腸炎、インフルが流行り、毎年ヒヤヒヤしながら過ごしていた（今でも冬は怖い）。手洗い、うがいはもちろんしていたが、かかるときはかかってしまう。**ノロやインフルは一家全員でかかったことも。**ノロのときは、**塩素系漂白剤**での消毒が必須。

meatさん

子どもの胃腸炎が親にうつり、子どもが少し元気になったタイミングで父母が動けなくなり本当にピンチでした。病院にも行けないくらい動けない状態で、ひとりだけいる**ママ友に連絡して胃薬を買って届けてもらいました。**本当に感謝してもしきれなかったです。

QUESTION 25

手洗いだけじゃなくて「足洗い」をしたほうがいいって本当？

感染予防には
手洗い＋足洗いは○。
理想はお風呂直行

今西洋介
新生児科医・小児科医

教えてくれたのは…

家の中に病原体を持ち込まないためには、「手洗い」が基本中の基本です。正しい手洗い方法は次の通り。**「手のひら→手の甲→指先・爪の間→指の間→親指全体→手首」の順にしっかり洗いましょう。**普段から爪を短く切っておくことも重要です。

保育園で正しい手の洗い方を指導していることも多いので、親が子どもから教わって親子で楽しく手順を覚えられるといいですね。習慣化が難しいお子さんには、手洗いを教えるアニメを見てもらうのも効果的です。

加えて、今は「足洗い」を取り入れているご家庭も多いようです。保育園によっては、素足で生活するところもあり（土踏まずの形成を促す、靴下ですべって転ぶことを防ぐ、保育室に床暖房を備えている、などの理由があるようです）、そうなると当然、**足の裏にもウイルスや細菌が付着することになるので、足も石けんで洗うのはいいことです。**

さらに感染予防を考えるなら、帰宅後は**服も着替えたほうがいい**でしょう。口に入るウイルスの量はできるだけ少なくなるほうがいいです。

理想を言えば帰宅後すぐの入浴がよりベターです。足洗い＋着替えも一気にクリアでき、体や髪についた病原体も洗い流せてもっとも効率的です。ただ、年齢によってお風呂を嫌がるなど難しい場合もあるでしょうから、感染症が流行している時期だけ、など無理のない範囲でいいと思います。

ちなみに「うがい」は、近年その効果に対する科学的根拠がないと言われ、してもダメではないですが、ウイルスの量はほとんど変わりません。

QUESTION 26

小さいうちに
たくさん病気に
かかると丈夫になる？

免疫は獲得できますが、
体が丈夫になるわけ
ではありません

教えてくれたのは…

今西洋介
新生児科医・小児科医

赤ちゃんは生まれた直後からいろいろなウイルスの脅威にさらされることになります。ただ、お母さんのお腹にいるときにへその緒を通じて免疫をもらっているため、生まれてすぐはあまり発熱することはないでしょう。病気になりやすくなるのは、免疫が切れる生後6ヶ月頃からです。

病気の原因となるウイルスや菌が体内に入ったときに、排除して体を正常に戻そうとする働きを免疫と呼びます。生後6ヶ月以降は、一度かかった病気の情報を体が覚えて、次に同じ病気の原因となるウイルスや菌が体内へ入ったときに防御するようになります。

免疫をたくさん獲得するとその結果病気にかかりにくくはなりますが、**体自体が丈夫になるわけではありません。**

「丈夫な子に育てるために、積極的な感染対策はしない」という姿勢は誤りです。**病気によっては乳幼児期にかかると重症化したり、命にかかわるケースもあるので、できる限り予防することが大切です。**

そのためには、定期の予防接種をきちんと受けましょう。さらに、インフルエンザなどの任意の予防接種を受けておくことも重要です。抗体をつけて重症化しづらくするなどの効果があります。

保育園に通っていると、体調不良で予定していた予防接種が受けられないこともあるでしょう。スケジュールが変更になった場合は、接種の抜け漏れを防ぐためにかかりつけの小児科医に相談をして、スケジュールをその都度組み直すようにするといいと思います。

QUESTION 27

よく熱を出す子と丈夫な子、何が違うの？

病原体にさらされる回数と**それぞれの個体差・個性**の違いです

郵便はがき

料金受取人払郵便

新宿北局承認

9134

差出有効期間
2025年3月
31日まで
切手を貼らずに
お出しください。

169-8790

174

東京都新宿区
北新宿2-21-1
新宿フロントタワー29F

サンマーク出版愛読者係行

ご住所	〒　　　都道府県	
フリガナ		☎
お名前		(　　　)
電子メールアドレス		

ご記入されたご住所、お名前、メールアドレスなどは企画の参考、企画用アンケートの依頼、および商品情報の案内の目的にのみ使用するもので、他の目的では使用いたしません。
尚、下記をご希望の方には無料で郵送いたしますので、□欄に✓印を記入し投函して下さい。
□サンマーク出版発行図書目録

1 お買い求めいただいた本の名。

2 本書をお読みになった感想。

3 お買い求めになった書店名。

市・区・郡　　　　　　町・村　　　　　　書店

4 本書をお買い求めになった動機は?

・書店で見て　　　・人にすすめられて
・新聞広告を見て(朝日・読売・毎日・日経・その他＝　　　　)
・雑誌広告を見て(掲載誌＝　　　　)
・その他(　　　　)

ご購読ありがとうございます。今後の出版物の参考とさせていただきますので、上記のアンケートにお答えください。**抽選で毎月10名の方に図書カード（1000円分）をお送りします。** なお、ご記入いただいた個人情報以外のデータは編集資料の他、広告に使用させていただく場合がございます。

5 下記、ご記入お願いします。

ご職業	1 会社員(業種　　　) 3 公務員(職種　　　) 5 主婦	2 自営業(業種　　　) 4 学生(中・高・高専・大・専門・院) 6 その他(　　　)	
性別	男　・　女	年齢	歳

ームページ　http://www.sunmark.co.jp　　ご協力ありがとうございました。

今西洋介
新生児科医・小児科医

教えてくれたのは…

まず、ずっと自宅で過ごす子どもと、保育園に通う子どもでは、病気の原因となるウイルスや菌にさらされる機会が違います。

保育園ではさまざまなウイルスに触れ、病気にかかることで免疫を獲得していくため、体調を崩したり熱を出すことは多くなります。家族の人数が多い場合も同様です。

同じ環境下でも、「保育園のほかの子と比べて発熱しやすい」「兄は風邪を引きやすく、弟は丈夫」なんてこともありますよね。要因としては、**病原体にさらされる回数と個性による違いが挙げられます。遺伝とは関係のない個体差によって、体調の崩しやすさが違うのです。**例えば同じように育ったきょうだいでも「上の子は外遊びが好きで下の子は家の中で遊ぶのが好き」「上の子は恥ずかしがり屋で下の子は目立ちたがり屋」など性質が違うのと同じこと。**しょっちゅう熱を出す=悪いことではなく、「個性」のようなものと考えてください。**

風邪を引きにくい子の特徴として、「よく寝る」「なんでもよく食べる」「体を動かすのが好き」という傾向も見られます。これも「個性」のうちです。できるだけ生活習慣を整えられるといいですが、睡眠のリズムや好き嫌いは個人差が大きいので、なかなか難しいところだと思います。

感染症にかかりにくくするためには、こまめに手洗いをするなど、感染を予防する習慣を身につけることが何より大切です。

また、体温が低いと免疫機能が十分に発揮されません。身体を冷やすと風邪を引きやすいのもそのためです。

QUESTION 28

インフルエンザの予防接種は毎年受けたほうがいい？

重症化リスクを抑えられるので、毎年接種をおすすめします

今西洋介
新生児科医・小児科医

教えてくれたのは…

毎年冬に大流行するインフルエンザは感染力が強力。**発症後5日を経過し、かつ解熱したあと2日**（幼児にあっては3日）**を経過するまで登園を控えるよう厚生労働省でガイドラインが設けられている感染症です。**

世界的に見ても感染者は非常に多く、18歳未満の子どもがインフルエンザに関連した呼吸器感染症で毎年約3万人弱も命を落としているという調査報告があります。

重症化や合併症のリスクを抑えるには、予防接種がもっとも効果的です。「予防接種を受けたのにインフルエンザにかかってしまった！」という方も多いと思いますが、完全に発病を予防するというより、重症化を予防する意味合いが強いのです。

インフルエンザは毎年流行する型が異なり、それに合わせてワクチンがつくられるので、**毎年の接種が必要です。**生後6ヶ月から接種可能で、12歳までは毎シーズン2回ずつ接種します。**流行前に2回接種を終わらせるために、1回目は10～11月に。2～4週間後に2回目を接種し、できれば11月中に2回目の接種も終わるようにスケジュールを組むとよいでしょう。**卵アレルギーがある場合は、接種前にかかりつけの小児科医に相談しましょう。

インフルエンザをはじめ、人からウイルスや菌を自然感染した場合でもその病気に対する抗体を獲得することはできます。ただ高熱が長引いたり、入院が必要になるなど、予防接種をした人に比べて重症化する可能性が高くなります。予防接種の副反応を心配する声もありますが、自然感染して重症化するリスクよりは低いです。

QUESTION 29

食物アレルギーを発症したら?

「アレルギー指示書」に記入して保育園へ提出を

今西洋介
新生児科医・小児科医

食物アレルギーとは、特定の食べ物を食べたあとにアレルギー反応を介して生じる皮膚・呼吸器・消化器あるいは全身性の症状のこと。**保育園に通う子どもの食物アレルギーの原因となる食べ物は、鶏卵が一番多く、次いで乳製品が多くなっています。**[*1]

いろいろな症状が見られますが、もっとも多いのは、皮膚・粘膜症状。また、複数の臓器に症状が出る状態の「アナフィラキシー」、さらに呼吸が苦しい、息ができないなど呼吸器症状があらわれる「アナフィラキシーショック」などを引き起こすリスクがあるため注意が必要です。

離乳食が始まり、**特定のものを食べたあとに口の周りが赤くなる、体に発疹が出るなど、気になる症状が出たら、すみやかに小児科を受診してください。**

検査の結果、食物アレルギーがあることがわかったら、**保育園から必要な書類**（「保育所におけるアレルギー疾患生活管理指導表」など）**をもらいます。**これは、アレルギーを持つ子どもを安全に保育するために必要な情報を共有する目的で作成されます。担当医師に記入してもらい、園に提出したら、それをもとに園の職員と保護者が話し合い、定期的に見直しながら対応を行っていきます。

ちなみに、「入園前にアレルギー検査をしたほうがいいのかな」と考える方もいますが、アレルギー検査は無症状の人を対象に行うスクリーニング検査ではありません。気になる症状が出た場合に医療機関を受診し、検査を受ければ大丈夫です。

*1　厚生労働省「保育所におけるアレルギー対応ガイドライン」
https://www.mhlw.go.jp/bunya/kodomo/pdf/hoiku03.pdf

こんなときは何科を受診すべき？

子どもが不調なときは、基本的にはかかりつけの小児科を受診することをおすすめします。小児科医は子どもの総合医ですので、専門の科につなぐことを含め、全身状態を診て包括的な診断を行うことができます。

ただ、お住まいの地域によっては、小児科が遠い、予約が取りにくいといったご事情もあることでしょう。主な症状が鼻水や耳の痛みであれば、耳鼻科を受診してもいいのです。ただし、発熱がありなかなか解熱しないといった場合は、採血して肺炎などの検査をしたほうがよいケースもあるので、小児科を受診してください。

最初から専門の科にかかったほうがいいのは外傷があるときです。小児科は内科なので、傷を縫うことはできません。切り傷、やけど、骨折などは外科（形成外科、整形外科など）や皮膚科を受診しましょう。また、生まれつきあるアザや、耳の変形を治したいなど、先天的な肌や形状に関する治療は形成外科がいいでしょう。

〈症状別・受診する科の早見チャート〉

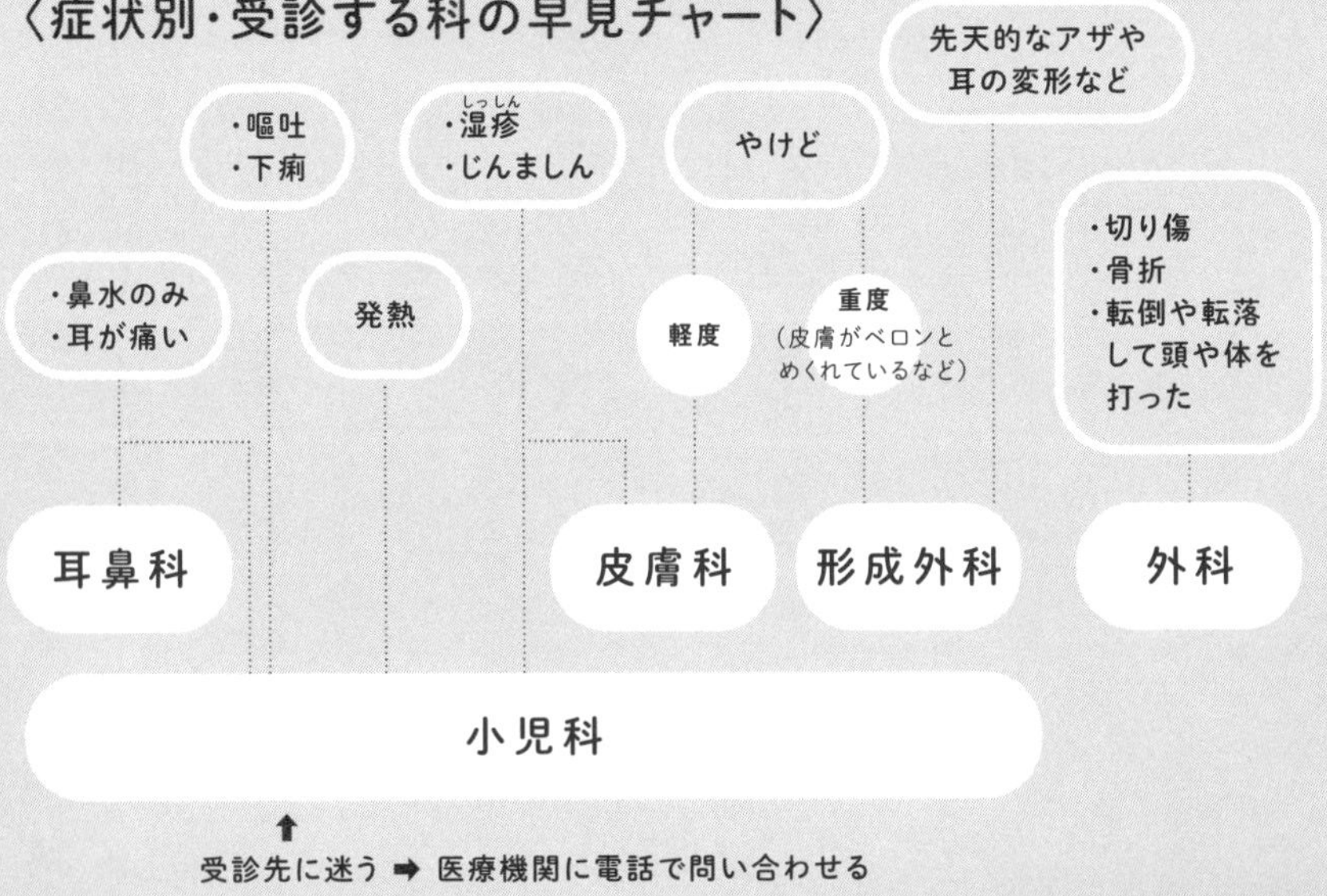

新生児科医・小児科医 今西洋介

第5章

知っておくと安心のサービス

QUESTION 30

病児保育って
どんなもの?

「施設型」「訪問型」の
2タイプがあります

駒崎弘樹
認定NPO法人フローレンス会長

教えてくれたのは…

子どもが保育園へ入園すると、突発的に体調を崩すことがしばしばあります。登園できる基準は園によって違いますが、発熱や下痢などの症状がある場合は預かってもらえないことがほとんどです。

ママやパパがその都度仕事を休んでみてあげられるといいのですが、現実的には100%対応することは難しいもの。そんなとき、親御さんに代わって専門のスタッフが病気の子どもを預かるのが「病児保育」です。

病児保育には大きく分けて2タイプがあり、サービス形態の違いで「施設型」と「訪問型」に分けられます。「施設型」は病児専用の保育室に預けるタイプ、「訪問型」は自宅に保育スタッフが訪れるタイプです。

行政が中心となって運営する病児保育は施設型が多く、医療機関に併設されているものと、保育園に併設されているものの2種類があります。

一方、訪問型は、病児保育のプロを派遣するNPO法人や民間のベビーシッター会社などが担っているケースが多いです。保育者が自宅に来てくれてマンツーマンで子どもを見てくれるのが特徴です。

保育対象を「病児」と「病後児」で区別する場合もあります。自治体が管轄する病児保育では、**病気の回復期に至っていない子どもの保育を「病児保育」、回復期に入っているものの集団保育に適さない子どもの保育を「病後児保育」としています。** ただ、民間が運営する病児保育ではこのふたつを分けず、「病児保育」ということが多くなっています。

かかるお金は？
利用の流れは？

《病児保育》
施設型・訪問型コンパクトガイド

施設型と訪問型、それぞれの特徴をまとめました。
利用する際の参考にしてください。

施設型（医療機関併設型、保育園併設型）

特徴	家庭で保育できない病児・病後児を、病院や保育園に併設された「病児（病後児）保育室」で保育士や看護師など専門のスタッフが一時的にお世話をする。
事業者	主に自治体
スタッフ	・保育士：子ども約3人につき1人以上 ・看護師等：子ども約10人につき1人以上
料金	1日2000円前後
メリット	・利用料金が安い ・在宅ワークの人も利用しやすい ・医療機関併設型は医療者が常駐していて安心
デメリット	・自宅から遠いと親子とも負担が大きい ・定員が少なくすぐ満員になることも ・利用するまでの要件が厳しいことも

利用の流れ一例 ※東京都板橋区の場合

《事前登録》

1・自治体に申請書を提出

2・登録完了通知

《利用時》※利用は満1歳～

1・病気発症・予約（前日の13時～当日）　予約が取れたら持ち物の準備（施設により昼食・おやつも持参）

2・利用当日、入室前に医師の診察を受ける（許可が下りなければ帰宅）

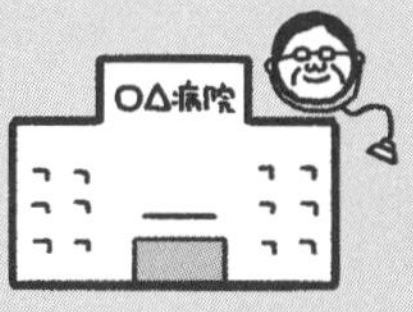

3・検温、持ち物の確認後、保育スタート

※利用の流れは自治体や施設ごとに異なります。

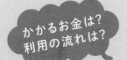

駒崎

勤務先がこども家庭庁ベビーシッター券を導入していれば1日あたり最大4400円の割引で病児保育を利用できます。自治体によっては助成制度（東京都ベビーシッター利用支援事業など）もあります。ぜひチェックを！

訪問型

特徴	病児の自宅に専門のスタッフが訪れて保育を行う。 事業者に依頼し所属するシッターが派遣される方法と、 マッチングサイトを通じてシッターに直接依頼する方法がある。
事業者	主にNPO法人、ベビーシッター会社など
スタッフ	子ども1人に対し1人の保育スタッフを派遣 ※サービスによる
料金	サービスにより異なる
メリット	・病児を自宅外へ連れ出す必要がない ・マンツーマンで見てくれるので、子どもが楽しめる ・100%対応、受診可能などサービスの選択肢が幅広い
デメリット	・施設型に比べると高額 ・信頼の置ける事業者を見極める力がより必要 ・サービス対象エリアが限られる

訪問型の病児保育サービスの例

フローレンス　共済型

https://byojihoiku.florence.or.jp/

当日朝8時までの予約で100%*保育スタッフを派遣。月会費を支払うことで会員が互いに支え合う共済型。主な対象エリアは東京・千葉・神奈川・埼玉。*感染症の大流行時期を除く。

≪料金≫

月会費：5,600円～　※2023年10月1日から改定

※月会費は年齢と利用回数により変動。

※月会費に月1回分の保育料が含まれる（月2回目以降は1時間2,500円～）。

入会金：30,000円（未就学児）

ノーベル　共済型

https://byojihoiku.nponobel.jp/

フローレンスと同じく月会費を支払う共済型。当日朝8時までの予約で100%*保育スタッフを派遣。主な対象エリアは大阪。*予約数が予測を大幅に上回る場合を除く（補償あり）。

≪料金≫

月会費：4,700円～　※2023年12月1日から改定

※月会費は年齢と利用回数により変動。

※月会費に月1回分の保育料が含まれる（月2回目以降は1時間2,000円～）。

入会金：28,000円／年会費：6,500円（2年目以降）

ポピンズシッター　従量制（単発利用）

https://smartsitter.jp/

看護師や保育士も多く登録しており、24時間365日オンラインで病児対応シッターを探し予約可能。対象エリアは関東・近畿圏ほか。旧名称スマートシッター。

≪料金≫

保育料：1時間2,200円～

病児保育追加料金：通常対応は1回4,400円～（3時間以下2,200円～）※感染症対応は別料金。

ハニークローバー　従量制（単発利用）

https://sitter.honeyclover.co.jp/

同社がスタッフを手配する派遣型と、利用者自身で保育者を探すマッチング型のいずれかを選べる。対象エリアは関東・中部地方ほか。

≪料金≫

派遣型：病児保育料30分1,320円～

※派遣するエリアと利用時間帯により異なる。

マッチング型：シッター側の設定料金、利用者の希望料金、直前対応の特別料金の3タイプがある。

QUESTION 31

病気のときに
知らない人に預けるのは
かわいそう？

親がイライラしながら
見るより、
手厚く子どもも楽しめる

大豆生田啓友
玉川大学教育学部教授

親御さんは仕事を休めない、けれど保育園としては子どもの健康を考えると断らざるを得ない、という難しいところですね。

職場との関係がよく、**子どもが病気のときは仕事を休める態勢がとれているならば、家で親御さんと一緒に過ごすのが一番です。**

そうはいっても、休むことで無理がかかってしまうこともあると思います。そんなときは病児保育の利用をためらう必要はありません。**イライラしながら家にいるくらいなら、誰かに預けたほうが子どもにとっていいこともあります。**

公的な病児保育は使いやすさの点で課題のあるところもあるかもしれませんが、**配置基準があり、手厚く見てもらえる**ようになっています。地域によって事情が違いますので、事前に調べておくことをおすすめします。

駒崎弘樹
認定NPO法人フローレンス会長

ひと昔前に比べると病児保育は当たり前のインフラになり、「病児保育＝かわいそう」という社会のイメージは変わりつつあります。

ひとつポイントを挙げると、利用の際に親御さんが明るい雰囲気づくりをすることです。**「仕事で一緒にいてあげられなくてごめんね」と謝るよりも、「病気のときに行く保育園に行くよ」「お姉さんが遊びに来てくれるよ」と伝えたほうが、お子さんが今日一日を楽しく過ごせそうな見通しを持てますよね。**実際に病児保育はスタッフが体調を見ながらじっくり保育をするので、満足して楽しめる子が多いです。

親だけで子どもを見るのは不可能です。社会が子育てに力を貸すのが当たり前。**「すべて自分がやらないと」と、社会の期待を内面化させる必要はありません。**

QUESTION 32

ファミリー・サポート・センターって何？

地域の人に送迎や預かりをお願いできる事業のこと

山下真実
子育て支援企業こころるく代表

ファミリー・サポート・センター事業は、地域住民同士の信頼の上に成り立つ、相互援助のサービスで、略して「ファミサポ」と呼ばれています。

子育て中で助けを必要とする人（利用会員※名称は自治体によって異なる。以下同）、**育児の手助けができる人**（援助会員）**が住居のある自治体に登録すると、センターが両者を結びつけてくれます。**

利用会員になるには事前登録が必須で、初回利用の前には利用会員と援助会員の顔合わせなども必要となるため、下調べ、登録準備などは早めを心がけて行動しましょう。

ファミサポは**1時間あたりの謝礼が1000円前後と比較的安価**で、短時間からでもお願いしやすいのがメリット。

お願いできる主な内容は以下の通りです。

- **保育園や習い事の送迎**
- **登園前、降園後の一時預かり**
- **保護者の通院時などの一時預かり**
- **冠婚葬祭や学校行事の際の一時預かり**

行かせたい習い事があるけれど、仕事の関係で送迎はできないという場合などに、保育園へお迎えに行ってもらい、そのまま習い事に送ってもらう、といった利用もできます。

センターを介して申し込むことになるため、**緊急時の利用にはあまり向いていません。**また、**預かりは基本的に援助会員宅であるため、事前の打ち合わせ時に安心してお願いできる環境かを見極める必要があります。**

習い事の送迎など定期的な利用、事前に予定がわかっている場合などを想定して利用を検討されるのがいいと思います。

QUESTION 33

病院が閉まったあと子どもの具合が悪くなったら？

夜間・休日診療所があります。「こどもの救急」などのサイトも活用を

教えてくれたのは…

今西洋介

新生児科医・小児科医

今すぐ受診したい場合は、**お住まいの自治体のホームページから「夜間休日診療」を検索。**休日や夜間に対応する医療機関を掲載したページがあるので、そこから小児を受け入れてくれる機関を探してください。電話予約などの要件もあわせてチェックしましょう。

受診を迷うときや、子どもの症状について相談したいときは、**「#8000（こども医療でんわ相談）」**にかけましょう。電話で「#8000」を押すと住んでいる都道府県の相談窓口に自動転送され、小児科医または看護師から適切な対応方法や受診の目安などを聞けます。

ウェブサイトなら、日本小児科学会の「こどもの救急（ONLINE-QQ）」[*1]をみるといいでしょう。**症状別に対応法や受診の目安が載っています。**各都道府県作成の**「こども救急ガイドブック」**[*2]という冊子もあります。症状別の情報に、エリアの診療所情報など加えたもので、PDFをダウンロードできます。

医師が子どもの病気についてわかりやすくまとめた**「教えて!ドクター」**のサイト[*3]やアプリ、小児科医にオンライン相談ができる**「小児科オンライン」**[*4]などのサービスも覚えておくといいでしょう。

最近注目され始めたのが、医者が自宅まで来て診察する往診サービスです。スマホから申し込めば誰でも自宅で受診でき、薬も処方。とても便利ですが、**小児科専門でない医師が診察してトラブルになったケースもあります。まだ課題のある分野なので、よく見極めて利用していただきたいと思います。**

*1 http://kodomo-qq.jp/
*2 https://www.jpa-web.org/sharp8000/sharp8000_2.html#list
*3 https://oshiete-dr.net/　*4 https://syounika.jp/

Q.9

子どもが病気のときに利用してよかったサービス、やってよかった工夫はありますか？

病児保育（施設型）

あわゆうさん

病児保育を利用。**前日の12時に予約を取らないといけないが、すぐに埋まる**ので子どもの体調が少しでもよくないなと思ったら、次の日の予約を入れておく。

もたいこまさこさん

病児保育も数回利用したが、結局ごはんや持ち物など**急遽準備しなければいけないことが多く**、なおかつ**病院受診後の手続きが大変**だった。「どうしても」のときのサービスとしては活用できた。

まききさん

ベビーシッターと病後児保育は、事前に準備していた自分に大感謝です。病後児は利用前に医者の診断が必要とか手続きが大変で、利用のハードルは高かったですが、なければ**ベビーシッター代がかさんでしまう**ので助かりました。

うちのたまさん

- 常連のように病児保育をかなり利用しました。**すぐ行けるよう荷物や書類を入れたバッグをまとめて**おいたりしてました。
- 仕事場にもすぐに連絡しますが、夜中など連絡がつかない場合や病院や子どもの世話で電話に出られない場合があるので、**ある程度のメールでの文面**をいくつかつくってました。

病児保育（訪問型）・ベビーシッター

ドリーさん

1歳児クラスの冬から**病児保育のフローレンス**に入会。月会費はかかるが、朝8時までに依頼すればほぼ利用できるので、病児保育室やシッターさん予約のための煩雑さがなくなりラクになった。定期的に体温や心拍もチェックしてくれて手厚い。それまでは夜中看護をして満身創《そう》痍《い》のときも多かったが、**預けることで気力体力ともに回復**し、看護中でも子に笑顔で接する時間が増えた。

あかねさん

会社が入ってくれた**シッター補助券**が助かった。病児のサブスクに入るか悩み中。

あわゆうさん

予防接種後はベビーシッターさんに来てもらって仕事した。**保育士経験のあるベビーシッターさん**はあやし方が上手で息子も気に入っていた。

夫婦で分担

うなぎさん

最初の1年くらいは、**夫と私で「絶対に外せない予定を入れていい曜日」を午前午後で振り分けました。**例えば「月曜……午前：夫／午後：私」「火曜……午前：私／午後：夫」みたいに。もし病気になったら、外せない予定を入れていない人がお迎えに行く、というように決めていました。

鳥さん

・夫婦ともに自由度の高い職業なので、外部は利用せず、自分たちで**「午前の部」「午後の部」**とかで仕事をして、切り抜けている。
・**親が高齢なので、病気のときはむしろ一切かかわらない**ようにしている。

小児科

M子さん

姉妹ともに最初の半年くらいはほぼ毎週体調不良で呼び出しか通院。どの曜日でもすぐ通院できるように**小児科は複数通っておく**と精神的にラク。

ミキティさん

病院によって抗生剤をすぐ出すところや、看護師さんが子どもに優しくないところなどあるので、最初は大変でも**何か所かかかってみてわが子に合う病院を選ぶ**といいと思う。

オンラインサービス

もりのさん

以前娘がドアに指を挟んでしまいました。時間は18時頃で整形外科はやっておらず、調べてるうちに**「キッズドクター」**というアプリを発見。**チャットで看護師の方が無料で相談に乗ってくれるサービス**があり、写真と文章で現状を伝えると、このまま冷やして様子を見てくださいとのこと。しばらくすると腫れも落ち着いてきて、大事に至らず済みました。

往診サービス

まるさん

ゴールデンウィーク中にじんましんになり、**往診アプリを使ってお医者さんに来ていただきました。**本当にすぐ来てくださり、お薬もその場で処方してもらえてとても助かりました。

自宅療養の工夫

うちのたまさん

・嘔吐したり、鼻水などで親の着替えやタオルが底をついたこともあるので、**汚れたら捨てていいTシャツやタオル**がとても役に立ちました。
・子どもの風邪のときに食べられるゼリーや飲み物はもちろん、親も食事がとれなかったり買いに行けないので**親用の簡単に食べられるストック**が役に立ちました。

もたいこまさこさん

どうしてもYouTubeに頼ってしまうので、**Amazon Kids+などで勉強させてからYouTubeを見せる**など少しだが工夫している。

もっと聞きたい！　専門家コラム　5

育児と仕事を天秤にかけないで

子どもを保育園に預けて働くようになると、「子どもと離れてまで、するべき仕事なのか」とか「大切な子どもの成長を見逃してしまっているのではないか」など、働くことに迷いが生じたり、葛藤する日が一度はやってくると思います。

私も働く母として、たくさん考えました。でも、仕事と子どもを同じ天秤にかけること自体が間違っているんですよね。子どもと過ごす時間と何かを比較したら、そりゃあ子どもが勝つに決まっています。人生の優先順位で、子どもは殿堂入りなんです。

でも、子どもと自分の人生もまた別のもの。子どもには子どもの社会があって、園で友達と一緒に過ごす時間は、彼ら彼女らにとっての財産です。そして、親にも親の社会があり、子どもが巣立ったあとも人生は続いていくわけです。

園に預けて復職すると決めたときから、保育園はあなたの子育てパートナーです。だから悩むことがあるとすれば、保育園とタッグを組んで頑張るあなたと家族の人生をよりよくするために悩みましょう。保育園もそれを応援してくれるはずです。

日中、一緒の時間が過ごせないのなら、帰宅後の時間をどう楽しいものにしようか。1日中一緒に過ごせる休日は、どう過ごすのがお互いにとってベストか。自分の置かれている環境によってできることは違ってくるとは思いますが、その中での最善を探していくことが子どもにとっても自分にとっても幸せなことなのだと思います。

子育て支援企業ここるく代表　山下真実

第6章

保育園生活で気になるあれこれ

QUESTION 34

保育園に行くのを嫌がる……どうすればいい？

まずは共感してみて。園でアウトプットできることを家で一緒にするのも○

てぃ先生
現役保育士

「行きたくない」という意思表示ができるお子さんは、**〝保育園は行くもの〟という認識を持っている**ことがほとんど。**行かなきゃいけないことがわかっている子に、「行かないとダメでしょ」と言って聞かせても、当然、響きません。**

　同じように、「保育園に行ったら○○くんいるよ」とか「おもちゃで遊べるよ」などとポジティブな声かけで気を紛らわせようと試みたところで、行きたくない気持ちはなくなりません。むしろ、「自分の気持ちわかってくれない……」と子どもは不安になってしまいます。

　まずは、**「そっかぁ、行きたくないんだね」など、子どもの気持ちに共感してあげましょう。**そこから、「でも、今日は○○をするって言ってたから楽しいことがいっぱいかもしれないね」など、前向きな言葉もかけてあげるのがいいかなと思います。

　ただ、忙しい朝に、共感して、行きたい気持ちになるよう声かけをして……って、正直、大変ですよね。おすすめは、**前日の夜から行きたくなる気持ちを仕込んでおくこと。**例えば、お家に帰ってから折り紙で腕時計を一緒につくって、「明日、保育園でつくり方をお友達に教えてあげよう」など、家で覚えたことを園でアウトプットするのもいいですし、寝る前に保育園での出来事を話しながら、「明日は保育園でこれをやろう！」と楽しみにしながら眠りにつくのもいいですね。

子どもは見通しが持てると安心できます。何か働きかけをするのであれば、保育園でしたいことを一緒に見つけてあげてみてください。

QUESTION 35

登園しても子どもが泣いて離れなくて困っています

あっさりorじっくりお別れのルーティンを崩さなければOK

てぃ先生
現役保育士

ルーティンが崩れないのであればどんな対応でもいいというのが僕の個人的な意見です。

　というのも、日によって親御さんの対応が違うと、**「昨日は長くそばにいてくれたのに、今日はどうして行っちゃうの?」と子どもが混乱してしまう**ことがあるからです。

　昨日は朝20分付き合えたけど、今日は大事な会議があるからパッと園を出なきゃいけない……というご事情もあるのはよくわかります。でも、**泣くことでパパママがいつまでも付き合ってくれた日があれば、毎日でも子どもが泣いて粘るのは当然**です。だって、子どもはパパママが大好きなんですから。

　毎朝20～30分付き合えるならそのルーティンでもいいのです。でも、現実問題、お仕事で早く行かなければならない日も出てくるのではないでしょうか。

　お店にあるカプセルトイなどでもそうですが、ママはダメでもパパはやらせてくれるなら、お出かけしたときにはカプセルトイをやりたいと言ってゴネますよね。**一度できたという経験があるから、子どもはいつまでもあがいてしまうのです。**

　こうすると決めたら、パパママの間でも連携をとり、一貫性を持って対応したほうが、子どもにとってわかりやすいです。親と離れたくなくて大泣きしている子でも、5分10分経てばケロッとして遊びに夢中になっていることがほとんどです。そんな姿を見ていると、**ハイタッチをして「行ってくるね!」くらいのほうが、大人も子どももラクかもしれないなと思います。**

QUESTION 36

帰宅後に子どもが
かんしゃくを起こす……
園生活でストレスがある？

否定せず気持ちを
受け止めて。
園での様子を
先生に聞いてみよう

教えてくれたのは…

大豆生田啓友
玉川大学教育学部教授

かんしゃくとは子どもの中で葛藤が起こり、イライラしてしまうことです。保育園で過ごす間、子どもたちはさまざまな刺激を受けています。先生に褒められた、お友達と楽しく遊べた、など感情がプラスになる刺激もあれば、お友達とケンカになった、自分の思い通りにならないことがあったなど、負の感情にさらされることもあります。

保育園から帰宅してホッとしたとき、子どもの中にいろいろな気持ちが押し寄せてくるのに、それをママやパパに上手に伝えられないいらだちが、かんしゃくとなってあらわれるのかもしれません。

一見「わがままを言っている」など、困った行動のように映ってしまいますが、子どもを否定するようなことはせず、子どもの気持ちを丸ごと受け止めてあげることが大事です。抱っこして気持ちを落ち着かせたり、「つらかったね」などと気持ちに共感したりするといいでしょう。落ち着くまで少し離れて見守るのもひとつ。あとは、代案を示してみるのもいいと思います。「新しい折り紙を特別に出そうかな」など、子どもがかんしゃくを起こしていることを否定するわけでもなく、子どもの言いなりになるわけでもない代案であれば、「自分の気持ちを受け止めてくれた」という感じを子どもは受けるでしょう。

保育園からの帰宅後のかんしゃくが続く場合は、保育園の先生に相談してみてください。保育園での子どもの様子を詳しく聞いてみるのもいいと思います。親だけで抱え込まず、園と協力しながら子育ての「困った」を解決することが大事だと考えます。

Q.10

登園・降園で大変なことはありますか？どのように乗り切っていますか？

Cさん

泣いて保育室に入らないときがありましたが、**先生が抱っこしてくれて、泣きながらもバイバイ**ってしてくれました。先生が抱っこしてくれるのがうれしくて、だんだん泣きながらではなく笑顔でバイバイしてくれるようになりました。**先生に感謝**です。

シモさん

- **「今日頑張ったら特別に夜○○食べようか」「夜○○しようか」**など、そのときに子どもが好きな食べ物やものごとを話に出して、保育園を頑張ったご褒美をあげるようにしている。
- **好きな曲（アンパンマンなど）を流す**。スマホでポチッと流すだけで保育園へ向かう勇敢なヒーローに。音楽の力を実感。

ゆりこさん

「行きたくないよねぇ、わかるよー。かーさんもお仕事行きたくないときあるよー」と共感するとわりと動いてくれました。

佐々木さん

雨の日にベビーカーの**雨よけカバーを心底嫌がり、毎回泣き叫び大暴れしながらカバーを剥がされていました**。どうしようもないので濡れながら登園し、園で着替えていました。朝食も拒否したり暴れるときは、コンビニでごはんを買い、公園に寄って食べ遊具で遊んでから登園する日もありました。

登園に苦労

ネコカさん

日替わりで**ぬいぐるみをひとつ持って登園**。ぬいぐるみを保育園に置いてくることはできないので、私が通勤バッグに入れて会社へ……。

もたいこまさこさん

YouTubeやテレビは終わりがなく見てしまうので苦労している。**テレビなどで時間の感覚をつかませて（「天気予報の時間になったから○○しなきゃだよ」など）**毎日のルーティンをなるべく揃えることでトラブルはある程度回避できてきているように思う。

あわゆうさん

コンビニで**お菓子**を買ってあげてから登園したり、泣きじゃくるのを無理やり抱っこで連れて行ったり、あらゆる手を使った。**好きな人形を持たせて「先生に見せに行こう!」「今日は何を先生に見てもらう?」と誘う**とうまくいくこともあった。ただ、同じ手がそう何度も使えるわけではないのが子育て……。

ミキティさん

体調があまりよくないと行きたがらない傾向があるので、なるべく無理はさせずに**いつも以上に激しく泣いて嫌がるときは思い切って仕事を休む**。とくにうちの子は心が繊細な子なので。

ワンダランドさん

帰りも大変。早く帰ってごはんをつくりたいのに、**園庭で遊び出してなかなか車に乗らない**、家に着いても外で遊び出して家に入らない、家に入っても手洗う順番でケンカ……。とにかく全部時間がかかる。**大人の都合は通じないので、諦めるのが精神的によい。**

匿名希望さん

イヤイヤ期に「帰りたくない」と駄々をこねて床に寝そべったり逃げ回ったりされたことがありました。先生方に協力してもらって隠れて様子を見たり、**「家においしいおやつがあるよ」「今日は新しいアンパンマンの日だよ」**と興味を持ちそうな誘い文句で説得したりしました。それでもダメなときは、羽《は》交《が》いじめ？　抱え込み？　で強行突破です……。

ホーリーさん

2〜3歳くらいのときに降園時に**チャイルドシートにまったく乗らず、1時間くらい待つ**ことがあった。親としては、帰宅後の夕飯の支度や寝かせる準備をしなくてはと焦り、どうしても急かしてしまいますが、子どもにもなんらかの理由があるはず。**押しても引いてもダメなときはじっと待つ**ことが大事。

はなえさん

きょうだいの年齢差が2歳未満と近いのですが、**両方とも大泣きして、地面に這いつくばって地団駄状態**になってしまい、娘をエルゴでおんぶ、息子を抱きかかえて米俵のように肩に担ぎ帰路を歩いた日が忘れられません。仕事のバッグ+スーパーで買ったたくさんの食材を片手に、右肩には米俵……まんが日本昔話に出てきそうな、力自慢の大将風情でした。そりゃ腕もたくましくなりますよね……。**スーパーでそれぞれカートを引いて鬼ごっこ**を始めてしまい、怒ってもまったく聞かなかったときは、途方にくれて、しばらく他人のふりをしました(すみませんでした)。

降園に苦労

まききさん

「抱っこ、抱っこ」とせがまれても年長になると重く、走って逃げる私を「抱っこ〜」と言いながら娘が追いかけてくるのでそれで距離を稼ぎ、その作戦が効かなくなると**「あそこの電柱までね」と距離を決めてちょこっと抱っこ**して歩いたりを繰り返して帰宅していました。上の子は、降園時にしゃがんだ姿勢で前に進み、これで家まで帰りたいというので、**1時間以上かけて帰った**こともあります。

ふうさん

降園で仲のいい子と同じタイミングになると走り回ったり、途中まで一緒に歩くなど言い出すので、**タイミングが同じになりそうなときはトイレに行かすなど**、ずらしていました。

夏みかんさん

仲のよいお友達と遊んでしまい、なかなか園から帰らない、帰り道の途中でも遊んで時間がかかる、というのが大変だった。お友達とお迎え時間をずらすしかないと思うが、なかなかうまくいかなかった。

おかあさん

自転車で通っていたときは帰りに**全然自転車に乗ってくれなくて毎日が戦い**でした。あるときは帰宅途中の先生に、またあるときは見ず知らずの人に助けてもらい……。いろんな人に助けられてなんとか乗り切れたような気がします。

QUESTION 37

保育園での様子を子どもから聞き出すにはどんな声かけがいい？

「YES」か「NO」で答えられる聞き方がおすすめ

てぃ先生
現役保育士

教えてくれたのは…

「今日、何してた?」

自分への質問だと思って答えてみてください。どうですか? いつも通り仕事をして昼ごはんを食べて電車に乗って帰ってきた。何してたって聞かれても……、と戸惑った方が多いのではないでしょうか。

それなのに、子どもにはつい「今日、保育園で何してた?」って聞いてしまうんですよね。**質問がざっくりとしているので、子どもにとっては非常に答えるのが難しいですし、考えているうちに面倒になって、「ふつう」とか「忘れた」という答えしか返ってこなくなる**わけです。

質問するときのコツは、**首を縦に振るか、横に振るかで答えられるくらい具体的な質問をする**ことです。「今日はおままごとで遊んだの?」「うん」、「〇〇ちゃんと遊んだ?」「ううん」といった具合です。

ひとつテクニックとして、人は大きく間違ったことを言われると否定したくなる心理が働くので、何も答えてくれない子には、あえてとんでもないことを聞いてみる、というのがあります。例えば、**「今日さ、おままごとで真っ黒こげのハンバーグつくったの?」**なんて聞くと、少し興奮気味に「違うよ!」「お寿司つくったんだよ」などの答えが返ってくるかもしれません。

会話を引き出す糸口がなかなか見つけられずに困っているなら、**登園前に「今日は何をして遊ぶの?」などのコミュニケーションをとっておく**と、お迎えに行って「朝話していた〇〇はできた?」という感じで、園での話を引き出すきっかけになります。

QUESTION 38

お友達ができないのが気になります

ひとり遊びをネガティブに考えないで。**とことん遊び込めればOKです**

てぃ先生
現役保育士

教えてくれたのは…

子どもが2～3歳になると、「お友達と遊べているかな？」など、お友達との関係について気にするパパママが増えてきます。

でも、子どもの発達面から見ると、**お友達と遊ぶのが楽しいという感覚を持つようになるのは4歳頃から。**

2歳や3歳では、例えば砂場で一緒に遊んでいるように見えても、そのお友達と遊びたいからというより、**そのとき砂遊びをしたい子どもがたまたま集まって遊んでいるだけ、ということが多いです。**

保育園の時期は、お友達と上手に遊べているかどうかはそれほど気にする必要はなく、**「どのように遊ぶか」のほうが子どもにとってはより重要です。**

就学前は、**好きな遊びをとことん遊び込むことがその子の成長につながります。**休日にお友達と約束して公園に行っても、互いに好きな遊びを楽しんでいるならそれでOK。「○○ちゃんと一緒にブランコしたら？」などと声をかける必要はありません。

子どもたちの様子を見ているとわかりますが、お友達が砂場に池をつくって葉っぱの舟を浮かべていたら、周りの子たちは興味津々で近づいてきます。そして自分たちもマネして舟をつくって……と、自然とかかわり合いが生まれるんですよね。

好きな遊びをやり込むことは、お友達の興味を惹きつけることになり、結果、その子の能力も伸びるし、コミュニケーションにつながることもある。そんなふうに考えると、ひとり遊びをネガティブにとらえたり、心配しすぎることもなくなるのではないでしょうか。

QUESTION 39

早生まれは損?同じクラスの子たちについていけるか不安……

心配ありません!学習面の差もいずれ縮まります

てぃ先生
現役保育士

0歳児・1歳児クラスの4月生まれの子と1~3月の早生まれの子を比べたら、確かに**体格や発達には差があります**。保育園に通うお子さんが第1子の場合はとくに、心配になってしまいますよね。

でも、現在は、**一人ひとりの発達を大切にしながら保育をしている**園がほとんどなので、心配をしすぎる必要はありません。そもそも**早生まれが損という受け止め方をする必要すらない**と僕は思っています。

月齢に関係なく、その子によって得意不得意があります。周りの子と比べることに意味はありません。**どうしても比べたくなるなら、ちょっと前のその子自身と比べてみてください**。たくさんの成長を感じられるはずですよ。

今西洋介
新生児科医・小児科医

学習面では、小さいときは差があるものの、学年が上がるにつれ差が縮まることがわかっています。[*1]

ただ、「非認知能力」（p31参照）は早生まれのほうが低く、それは年齢が上がっても縮まらないという結果でした。別のデータによると、早生まれのほうが学校外での勉強時間が長く、教師や仲間との関係がうまくいかない人の割合が多かったのです。おそらく**不利な点を埋めようと、親が塾などに行かせることで、「非認知能力」を育む時間が少なくなるということでしょう**。

学習も大切ですが、その差はいずれ縮まるもの。友達と触れ合う時間を増やすなど、その子のペースに合わせて、学習以外の時間を意識してとることが必要です。

＊1　Yamaguchi S, et al. CREPE Discussion paper No.76 https://t.co/35UkMVeXWJ

QUESTION 40

保育園で発達の遅れを指摘されることはある?

基本的にはありません。
健診などで言われたら味方を増やすつもりで相談を

教えてくれたのは…

大豆生田啓友
玉川大学教育学部教授

保育園は発達の遅れや障害を指摘する場所ではありません。ただ、「行動が〇〇なことがありますが、今まで健診などで言われたことはありますか？」といった感じで、保育士さんから聞かれることはあるかもしれません。保育園で言われなくても、実は健診などで指摘を受けていたことがあったという方も少なくないようです。

発達障害といってもさまざまなタイプがあります。**言葉が遅れている、こだわりが強い、お友達とうまく遊べないなど、その子自身の個性ととらえることもできるため、簡単に判断はできません。そのため幼児期前半より、小学校入学を控えた幼児期後半で特性が顕著になることが多いようです。**

親としては、「どこかで相談されてみてはどうですか」と言われることは、ものすごくショックが大きいですよね。でも、もし何かの診断名がついたとしても、その子が変わってしまうわけではありません。

何か困っていることがあれば、具体的にどうすればいいのか、専門家が一緒に考えてくれます。適切なかかわり方ができるようになると、親子ともにラクになるでしょう。

「支えてくれる人を増やす」「味方になってくれる人を探す」くらいの気持ちで、一度地域の子育てに関する相談窓口で相談してみるのがいいのではないかと思います。

診断を受けることで、保育園側もその子に合ったよりよいかかわり方を考えられますし、職員を増やすなど、手厚くサポートするための態勢もとりやすくなります。

QUESTION 41

保育園で離乳食はどう進む？

一人ひとりの発達や体質などに合わせて進みます

保活
入園準備
入園1ヶ月
病気
支援・サービス
保育園ライフ
性・ジェンダー
幼児クラス

大豆生田啓友
玉川大学教育学部教授

教えてくれたのは…

離乳食の進め方は保育園によって異なりますが、基本的には、一人ひとりの様子を見ながら進められます。**保育園での離乳食スタートの時期は、一般的に生後5～6ヶ月が目安です。**ただ早産の子は、その分を差し引いてスタート時期を検討します。

最初は1日1回から始まり、2回食、3回食と増えていきますが、例えば1回食の場合、園と家のどちらで食べるのかは、保育園とのやり取りの中で決めていくことになるでしょう。

初めての食材については、**アレルギー反応が出ないかどうか家で試すための食材チェックリストを渡している園が多いと思います。**

ただ、離乳食献立表を見てすべての食材を事前に家で試しておいたほうがいいかというと、そんなことはありません。乳幼児の食物アレルギーの原因となりやすい食べ物（p115参照）以外であれば、子どもが保育園で初めての食材に出合う楽しみもあります。親としては、心配でつい「これをやるから事前にできるようにしておかなきゃ！」と考えますが、**何事も先取りしなければという考え方そのものがナンセンスかもしれません。**園で初めて食べて子どもが「これやだ～」という顔をしてもいいわけです。

大事なことは、**食物アレルギーのある子の食事の取り違えを防ぐ仕組みをきちんとつくっているかなど、重要なことをしっかりと園が把握していることです。**アレルギーも含めて発達などを丁寧に配慮しながら食事を進められることが、とても大事なポイントになります。

QUESTION 42

トイレトレーニングは1歳半から始めるべき?

年齢で焦らないで。「おしっこ出る!」と言えるようになったら始めどき

てぃ先生
現役保育士

現在は**「おむつ外し」とは言わず、「おむつ外れ」と言うようになっています。**つまりおむつは大人が主導して外すものではなく、子どものタイミングで外れるものなのです。

おむつ外れのタイミングを見極めるポイントは3つ。**「自分でトイレまで行って便座に座れる」「おしっこの感覚が2〜3時間空く」「尿意に気づける」**です。**うまくいかないときは、この3つのうちどれかが欠けていることがほとんどです。**

もし育児書におむつは3歳を目安に卒業しましょうと書いてあっても、目安はあくまでも目安。体の発達も関係することなので、**4歳まで外れない子は当然いるし、おむつをしていたほうが安心するなら、その思いを大切にしてあげてよい**と思います。

今西洋介
新生児科医・小児科医

トイレトレーニングは親が焦らないことが大切です。**1歳半から2歳くらいになるとトイトレを意識する人が多いようですが、年齢を気にする必要はありません。**あまり早いうちから始めると、「おしっこが出そう」という感覚を自分で感じにくくなったり、排尿しづらくなったりしてしまうこともあります。

排尿の間隔が2〜3時間空く、尿意を感じて周りに伝えられるようになったら始めどきです。また、親の話を理解できるなど、コミュニケーションがとれるようになってからのほうがいいでしょう。

比較的始めやすい季節は春〜夏です。洗濯物が乾きやすいので親のストレスが少なく済みます。子どもにとっても「濡れたパンツが冷たく体が冷える＝パンツは嫌」となりにくいでしょう。

Q.11

おむつはどのように外れましたか?

マシケンさん

3歳7ヶ月、いまだ外れず……。2歳頃から補助便座でおしっこはできるようになったが、大が一向にできない。保育園のおかげでパンツで過ごせる時間は増えてきたが、**外で頑張っている分、自宅ではおむつでいたがる**。どう乗り越えるか格闘中。

Junさん

娘が3～5歳のときにインドに滞在していたのですが、トイレはインドに来てから一気に進みました。おそらく**周りの様子を見て、おむつを卒業したいという自覚が芽生えた**のだと思います。あまりオマルトレーニングはしておらず、自然と卒業してくれました。

あんちゃんさん

娘は(現在3歳半)なかなか外れなくて、おむつをつけてるとおむつにしちゃうし、布パンツでももらしちゃうので、**思い切って暖かい時期に家では下は何もはかせず**(スカートだけにして、パンツなどは何もはかない)**過ごしたら、日中トイレに行くようになって**、日中は布で過ごせるようになりました。夜はまだおむつ。

ドリーさん

2歳になりたての頃には子が自宅でも率先してトイレに行き、大も小も成功していたが、**どうも飽きたようでその後まったくやる気がなくなり**、3歳になる今まで保育園任せです。保育園ではパンツで頑張っているようだけど、家ではちっともです。

あかねさん

長男は3歳で完全に卒業した。**『ぷくちゃんのすてきなぱんつ』という絵本**を読み、**パンツを一緒に買いに行った**。日中パンツの時間を少しずつ増やしていった。気をつけていたことは、お漏らししても絶対に怒らないこと。割とスムーズにトイトレに成功した。

KKさん

長女、次女ともに、**保育園に預けていたらいつの間にかできるように**なってました！これは持論ですが、あんまり焦ったりせずに、保育園に通っていたら周りもトイレでし始めるし、**勝手に「トイレでしたい」となる**かなと思ってます。

ゆーきさん

3歳のときに保育園から声をかけてもらってからトイトレをスタートしました。夜のおむつが取れず5歳のときに**夜尿症のクリニック**に通い薬も併用しました。

うどんこさん

3歳になる少し前からゆるっとトイトレを始めた。トイレですることを教えたり、トイレに座ってみたり。3歳になり保育園でトイレ推奨になり、いつの間にか便器に座って小ができるようになっていた。気が乗ればトイレでしてくれるが、1週間に数回。**おむつが好きでトイレでしたがらない**。パンツも好きなキャラクターのものを準備したが、一度はいたあとはかなくなってしまった。保育園ではお友達につられて日に1、2回トイレでしている模様。いつか外れるだろうと急いでいないが、できたら夏の洗濯の少ない時期にトイトレを本格化させたい。**本人にやる気がないとできないので、トイレやお兄さんパンツを勧めつつタイミングを見計らっている**ところ。

夏みかんさん

長女は2歳頃から**「こどもちゃれんじ」の付録**などをトイレに設置して、少しずつやっていた。園でも3歳児クラス以降でやってくれていたと思う。次女のときは園に余裕が出て「2歳児クラスからトイトレやります！」とのことで、積極的にやってくれたため、次女のときはクラスの子の多くが2歳で取れた。**布製のトレーニングパンツも使ったけれど、あまり役に立たなかった**ような記憶。

クニさん

長男はコロナ休み中の2歳4ヶ月で親が声かけをしながら完了。次男は**「3歳になったらパンツをはく」**という意思を尊重し無理には声かけしなかった。3歳の誕生日を盛大に祝い、お兄さんの称号を得たため、半ば仕方なくパンツをはき始めた。おむつだと甘えや面倒くささからトイレに行かないが、パンツだと緊張感とびしょ濡れが嫌なので自分でも気をつけているよう。

鳥さん

家ではほぼ何もしなかったら、**子ども自身が周囲を見て焦り出して**、3歳半でトイレに行けるようになった（保育園の先生に感謝）。

ふうさん

2歳くらいまでは**布おむつを実施している園**でした。洗濯も園で行ってくれるので（朝、紙パンツで連れて行く→保育園の布おむつに替える）ラクでした。そのおかげか長男は3歳前に自然に外れ、布おむつ効果かと喜びましたが、**同じ園に通った次男は4歳近くまでかかり**、その後のお漏らしも大変だったのであまり関係ないのかもしれません。自宅ではオマルは飾りでした。**買わなくてよかった**と後悔。

プリまっぷさん

1歳9ヶ月頃から園で**午睡《ごすい》後にトレーニングパンツにはき替える**ことから始まりました。2歳8ヶ月頃には日中はトレパンで過ごせるようになり、2歳10ヶ月頃から夜も使い捨てトレパン（親の手間を減らすため）で寝かせ、夜中に起こしてトイレに連れて行くという方法で夜のトイトレもスタート。ただ、**夜中にはあまり出ない**ことがわかり、想定よりも早く3歳前後で夜もパンツで過ごせるようになりました。便秘ぎみなこともあってうんちはてこずり、トイレでできるようになったのは確か3歳2ヶ月頃（**下の子はまったく覚えていない**くらい知らない間にパンツになっていました 笑）。

QUESTION 43

お昼寝が長くて夜なかなか寝ない……集団生活だから仕方ない？

保育士さんに相談してみましょう

大豆生田啓友

玉川大学教育学部教授

確かに保育園としては、みんながお昼寝をしないと先生の手が取られてしまう事情があります。ただ、**今の保育園では、一人ひとりを丁寧に受け止めて保育をしていこうとしています。** **親御さんが「夜なかなか寝てくれない」と相談すれば、できる限りその悩みを解決しようと考えてくださるでしょう。**

本来、子どもたちにとっての睡眠リズムは個々に違います。お家ではお休みの日に活動量とお昼寝の時間を調整し、生活リズムが崩れないようにするといいでしょう。また、**「寝る前のルーティン」を決めるのもおすすめです。**例えば子どもが大好きなおもちゃに「おやすみ」を言う、背中をトントンする、絵本を読むなど、その子に合う入眠の儀式を見つけるといいと思います。

はる先生

現役保育士

園やクラスにもよりますが、お昼寝の時間中、保育士は**順番で休憩を取ったり、会議をしたり、掃除やおもちゃの消毒、連絡帳や書類書きなど**をしています。業務があるので、完全にお昼寝をなくすことは難しいのですが、可能な範囲で短くするなど、対応してくれる園もあると思うので相談してみるといいと思います。

一方で、**保育園の活動に疲れて、お昼寝を必要としている子が多いのも事実です。**そういう子がお昼寝の時間を削ると、夕方、ブロックを握ったままウトウトしていたり……。相談の前に、まずはお子さんの園での様子を確認してみるといいかもしれません。

「早く起こして」よりも「遅く寝かせて」のほうが対応しやすい場合もあるので、相談の際は参考にしてみてください。

QUESTION 44

担任はどう決まる?
主任さんって何?
保育園の謎ルール
について教えて!

担任は園長と主任が
話し合って決める
ことが多いです

はる先生

現役保育士

保護者の方がもっとも気になるのは「どうやって担任が決まるの?」ということでしょうか。説明の前に、私立園の役職についてご紹介をしておきますね。

理事長（法人本部におり、基本的に保護者との接点はない）→園長→副園長→主任→副主任→クラスリーダー（専門職リーダー）→クラス担任。園にもよりますが、これがよくある保育園の役職です。

担任を決める際は、子どもたちとの相性や持ち上がりを可とするかなどを考慮しながら、園長と主任が話し合って決める園が多いと思います。

よく、ベテランの先生が幼児クラスを受け持つのでは、などと言われますが、そんなこともありません。在籍する先生のキャリア、今後の課題、いろんな要素を加味して担任は決まるので、そこで働いている保育士でも的中させるのは至難の業です。

退職や転園する先生、新しい担任の発表を年度末の3月31日にする園や、4月1日に事後報告という園もあります。これは、**早く発表することで、「あの先生が担任は嫌」とクレームが入り混乱するのを避けるためや、最後だからと保護者からプレゼントなどの気遣いをいただかないようにするため**なことが多いようです。

保育園の運営に関しては、園長先生の人柄や考え方によって、園の方針が決まる部分が大きいと実感します。これから保活をする方は、保育園に問い合わせをしたり、保育園見学をするときなどに、**園長先生の人柄もチェックしておくといいと思います。**

QUESTION 45

保育園から帰ったら
ごはんとお風呂、
どっちが先がいい？

感染対策の面ではお風呂！
生活習慣の面では
どちらでもOK

教えてくれたのは…

今西洋介
新生児科医・小児科医

保育園に入園すると多くの人と接することになります。先生やクラスの友達、そして異年齢の友達と接触することもあるでしょう。そうなると園がいくら感染対策をしていても、ウイルスや菌が付着することがあります。とくに、人との距離を保つことが難しい低年齢のうちは避けられないでしょう。

家庭での感染を広げないためには、口に入るウイルス量をできるだけ減らすことが大切です。

帰宅後は手洗いのあと、入浴できると一番いいです。小児科医である私も、救急外来のあとはすぐにお風呂に入り、家にウイルスを持ち込まないように気をつけています。すぐにお風呂に入れないときは手洗いと着替えをするだけでも、家の中に持ち込むウイルスの量は減らせます。

教えてくれたのは…

大豆生田啓友
玉川大学教育学部教授

子どもがスムーズに保育園生活に慣れる観点から考えると、**お風呂でもごはんでもどちらが先でもいいと思います。**子育てをしていると予期しないトラブルが起こったり、急きょ予定変更をしないといけないことが結構ありますよね。そのため**「わが家はごはんが先、お風呂があと」とガチガチにルールを決めてしまうと、ルール通りに進めるのが難しいときに親子ともにつらくなってしまうことがあります。**

「今日、給食を少ししか食べられなかったから、もうお腹が空いたんだね。それならお家に帰ってすぐにごはんを食べよう」「今日は園庭で遊んでどろんこになったから、先にお風呂入ろうね」など、ケースバイケースで帰宅後の順番を決めるくらいの気持ちのほうが、子どもも親もラクに過ごせます。

QUESTION 46

夏は登園前に日焼け止め、虫よけスプレーをしたほうがいい？

子ども用の日焼け止めや虫よけをしてから登園を

今西洋介

新生児科医・小児科医

子どもの肌は、大人に比べてとても薄く、デリケート。それゆえ紫外線の影響や、外からの刺激を受けやすくなります。**全国的に4〜9月の10〜14時の紫外線はとても強いので、日焼け止めを塗るなどの紫外線対策をしてから登園するのがいいと思います。**日本小児皮膚科学会では、日常生活で使うなら、「子ども用・赤ちゃん用」または「低刺激」と記されたもので、SPF15〜20でPA++の日焼け止めを推奨しています。

入園後は、戸外活動が多くなって虫に刺されることも増えるため、**虫よけスプレー**を活用しましょう。成分にディートを含んだものは、子どもへの使用に制限があるので選ぶ際に注意を。いずれも目立たない部分に使い、かぶれないか確認をしてくださいね。

はる先生

現役保育士

日焼け止めと虫よけについては、例えば、自宅から塗ってくるのはOKだけどプールの日は日焼け止め禁止など、園ごとにルールが異なるので、**お子さんの通う園のルールに従うのが基本**です。虫刺されに対しては市販のかゆみ止めなどで対応してくれる園もあり、事前に親御さんに承諾書をいただくところもあります。

虫よけシールやリングは、剥がれ落ちた際に誤飲につながる、一部のものにアレルギー反応が出る子がいるなどの理由から禁止にしている園が多いかと思います。

2児の母として個人的に対策しているのは、足の裏のアルコール消毒。蚊に刺されやすい人は足裏の菌の種類が多いという説があるので、**夏は登園前に子どもたちの足裏をアルコール除菌シートで拭くようにしています。**

Q.12

服と靴の洗濯やしつこい泥汚れ、どうしていますか？

もたいこまさこさん
やはりウタマロです。**ウタマロさまさま**です。

ウタマロ

まききさん
泥汚れ系は全部ウタマロ石けん。
専用ケースを使うとこすりつけるのも後片づけもラクでおすすめ！

泥汚れ用の洗剤

もりのさん
服は職場の先輩に教えてもらった**「バイオ濃厚洗剤 ポール」が大活躍**してくれています。どろんこ遊びをした日でもこいつで一発です。靴はポールに浸けたあと、近くの**コインランドリーにある靴用洗濯機**で洗っています。

匿名希望さん
オキシクリーンとポールを使っています。
ポールは泥汚れに最強です！

ゆーきさん
「**リネンナ**」で浸けおき洗いをしています。

たかまるさん
服は「**ブルーキーネット**」で。

はなえさん
泥汚れはまずは土を落としてから（はたいたり、乾かして叩いたり）、洗剤を薄くつけて予洗い→泥を浮かせたら、**ウタマロで予洗い→さらにウタマロをこすりつけて洗濯機へ投入。**

佐々木さん
オキシクリーンスプレーを使用しています。靴はウマタロで手洗いです。

酸素系漂白剤

おがさん
まだそれほど汚す年齢ではないので、手洗い後**ワイドハイターを直接かけて洗濯する**、で今のところ済んでいます。

気にしない

うどんこさん
保育園用の服と、休みの日のお気に入りの服を分けているので、**保育園用の汚れが落ちなくてもあまり気にしない。**泥や血などは一応手洗いしてから洗濯機に入れている。

マシケンさん
ウタマロとオキシクリーンを駆使。しかし、基本は**あまり頑張らない。**保育園服と割り切って、多少の汚れはそのままに着せていること多々。

ふうさん
洗う時間がないので、**服は諦めて捨ててました。**素材がよく安いものはまとめ買い。靴もほぼ履きつぶして捨てていましたが、靴はいいものにしないと歩行に影響が出ると思い、親族や友人などから**プレゼントのリクエストを聞かれた場合はいつも靴**にしていました。

諦める

Cさん
ウタマロ、ジフ、100均の洗濯板で落としますが、泥汚れは落ちなかったので、**泥遊びの予定がわかっているときはボロボロの服を着せて登園し、捨てます。**

はる

現役保育士が教える！ 汚れ別・洗濯の裏ワザ

泥汚れ

固形石けん

落とすのが大変な泥汚れには、ウタマロなど固形石けんが便利。専用ケースに入れてこすれば手が汚れません。先に服や靴を思いきり叩いて泥を落としてから洗うのがおすすめ。

食べ物汚れ

食器用洗剤

食べ物の汚れには食器用洗剤が最適です。汚れたらすぐに洗剤で洗うのが効果的。あとは、天日干しにして紫外線を当てるとシミが薄くなりやすいです。

絵の具汚れ

でんぷんのり

保育園の制作などで服につく絵の具には、でんぷんのり（保育園や小学校で使われる一般的なものです）。まず服を濡らし、絵の具で汚れた部分にのりをつけ、もみ洗いをしてから洗濯します。墨汁の汚れにも効果があるそうです。

におうもの

酸素系漂白剤
煮沸

保育園から持ち帰る濡れたタオル類や服はにおいや菌の繁殖が気になりますよね。わが家では煮沸をするか、酸素系漂白剤に漬け込んで対応しています。そこまで気にならないときは天日干し。

QUESTION 47

保育園でも保護者同士の付き合いはある？
したほうがいい？

親同士のつながりがあったほうが、何かと便利です

教えてくれたのは…

山下真実

子育て支援企業こころく代表

密な人間関係を好まない方もいると思いますが、**私の経験からは、親同士のつながりを持ちたがっている人のほうが多い印象です。**

実は、私自身が発起人となり、子どもが在籍するクラスのグループLINEをつくったことがあります。園の個人ロッカーに「自由参加ですが、いかがですか？」とお手紙を入れてお誘いしたら、ほとんどの方が参加してくれました。お手紙まで準備するのは面倒だったり抵抗があったりする場合には、運動会などの行事で直接顔を合わせる機会に声をかけて、少しずつ参加者を増やしていくやり方もあると思います。

なぜ、グループLINEをつくったかというと、何かのときに親同士で連絡を取り合えたほうが便利だからです。

幼児クラス（3歳児～5歳児クラス）になると仲のいいお友達ができて、休日などに子ども同士で遊ぶ約束をしてくることがあります。でも、**保育園では送迎の時間が異なると保護者同士が顔を合わせる機会がなく、連絡を取る手段が限られます。**子どもは直前に言い出すことも多いので、本当にその日に遊べるのか、遊べるなら待ち合わせは何時でどこにしようかなど、確認したいことは山ほどあるのに、連絡が取れないという事態に陥ります。

遊びの約束以外にも、**園生活を送っているとちょっとひと言伝えておきたいという場面にしばしば遭遇します。**そういったときにLINEでつながっていれば、電話や手紙よりも気軽に連絡を取ることができ、結果的に親の負担軽減にもなります。

先輩ママパパ60人にアンケート!

Q.13 保育園で親同士の付き合いはありますか?

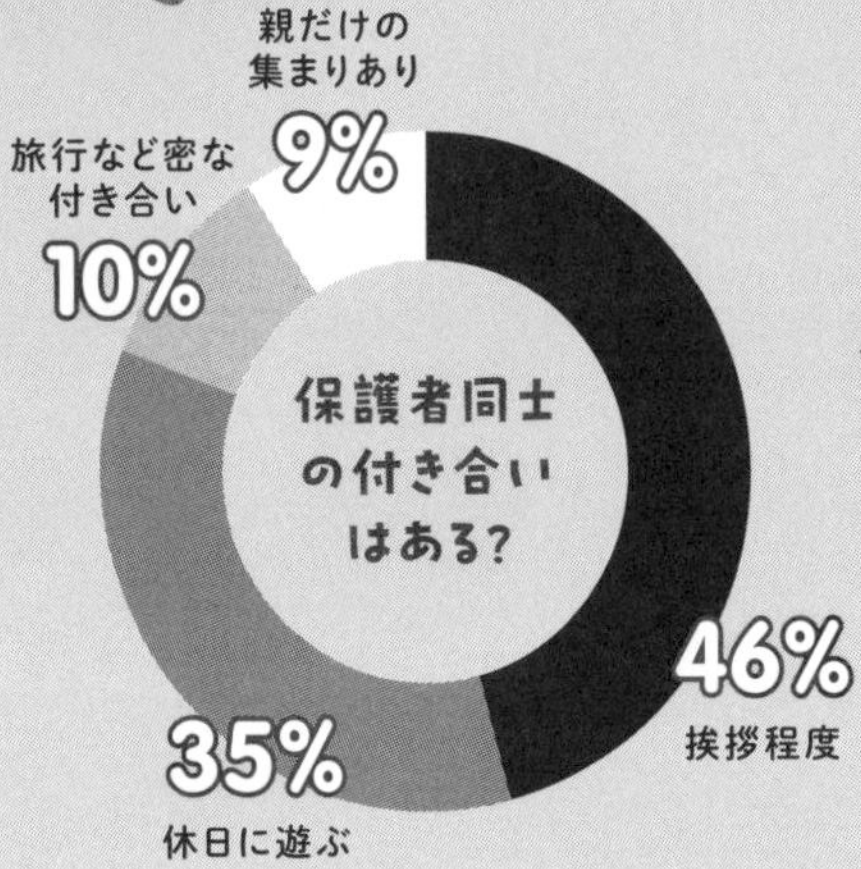

挨拶程度

匿名希望さん
子ども同士が仲良くなったママとは降園のタイミングが一緒になったときだけ、**家の前で遊んだり立ち話したり、お洋服の交換会**などしています。それ以外の方とは、園内で世間話をする程度です。

うなぎさん
一応LINEグループはあって、たまに休日に遊ぼうイベントがあったりしますが、だいたい欠席してしまっています……。**挨拶をしたり、会ったらお子さんを褒めたり**などしています。

30代夫婦さん
みなさん仕事終わりで疲れ切っており、他人と仲良くする**元気が残っていなさそう。**

佐々木さん
コロナ禍で入園式や保護者会などもなかったこと、お迎えの時間もバラバラなこともあり、**基本的に挨拶のみ**です。就学時に向けて、**もう少し接点を持とうかな**と思案中です。

シモさん
コロナ禍もあり、登園・降園時の挨拶や、街中で会った際に少し会話する程度。しかし、今年度に入ってから保護者会がリモートでなく園での開催になったり、保護者での集まりが今後予定されているため、**前よりも付き合いが増えるのではないかと思う。**

KKさん
転居前の保育園は、ママ同士、パパ同士が非常に仲良くて今でも遊ぶほどなのですが、**今の保育園では会話すらほとんどしたことがありません。**話しかけても全然話してくれず「嫌われてるのかな?」と思うほどです(笑)。**土地柄が顕著に出る**のかなあと。

夏みかんさん

子ども同士が仲良しで一緒に帰るおうちや、習い事が同じおうち、近所のママ友で集まりに誘ってくれたおうちなどとは付き合いもあった。子どもつながりで、という部分が大きいが、保育園は共働き家庭でみんな忙しいことも多いので、**付き合いの程度は自分の状況や好みである程度コントロールできる**ように思う（集まる人は集まるし、そうでない人はそうでなく過ごしていたと思う）。

ネコカさん

ありました。逆に大きくなる（小学生）となくなるので、**大事に交流したほうがいい**と思います。ママ友同士で**子連れ飲み会**など月1くらいしていました。

まききさん

卒園後の今でも一番仲良しなのは、保育園で上の子の同級生だったお母さん。運動会などの**イベント終わりに仲のいいお母さん同士で声をかけ合ってデニーズでごはんを食べたり**、降園後に「ごはんつくるの面倒くさいね～」という話の流れからデニーズで夕飯食べたりもしていました。そこそこ仲がいいママ友に誘われて**家族同士で1泊旅行**に行ったりしたことも。

密なお付き合い

さゆさん

親同士共通の趣味があったのをきっかけに仲良くなりました。**一緒にファミリーでキャンプに行ったり、パパ同士・ママ同士で飲みに行ったりしています**。また子ども同士が仲良くなり、「今度おうちに遊びに行く約束したんだ！」なんていう会話をきっかけにおうちに遊びに行く・来ていただく機会もあります。

ミキティさん

賃貸に住んでいた頃はまったくなかったけれど、戸建てを買って近所の園に入ってからは、小学校以降も長い付き合いになると思い、少し頑張って声をかけたり、家に招待したり、一緒に出かけたりしている。**最初はママ友なんてつくれるか不安だったけど、近所付き合いをしていたら子ども経由で自然と仲良くなれた。**

休日遊ぶ

ホーリーさん

送迎時はなかなかゆっくりと会話する時間がないが、**共通の習い事や休日に連絡を取り合って公園で子どもたちが一緒に遊ぶ際に保護者同士が交流を深め**、保育園に通う年数が増えるにつれて仲の良い家族と遊ぶ機会が増えた。

はなえさん

1クラス10人未満だったからか仲良くなり、年に1回はみんなで旅行、毎月1～2回家飲みをする3家族程度のグループがありました。**仲良し3家族で、卒園ハワイ旅行**にも行きました（笑）。今も保育園仲間と旅行したりよく飲んだりしています。みんな赤ちゃんの頃から知っている仲だから、**自分の子のようにかわいい。**

親同士の集まり

うのきさん

最近娘の同級生のパパさんが画家をやっていることを知り、**声をかけて飲みに行きました**。あとうちでは**挨拶を大事にしている**ので、そのおかげか公園でも園でも割と顔と名前を知ってもらい、仲良くしてくれています。

QUESTION 48

保護者懇談会では どんなことを話せばいい？

テーマは保育士が準備している

ことも多いです

てぃ先生
現役保育士

保護者懇談会は、ほとんどの保育園で年に1～2回は実施しているかと思います。お仕事の時間のやりくりが大変かとは思いますが、なるべく年度初めの懇談会には出席できるようにすると、**担任とコミュニケーションをとったり、クラス全体の雰囲気を感じられる**いい機会になると思います。

年度初めの懇談会では、その年齢ではどんなことに関心があり、発達に合わせて保育園ではどういった取り組みをしていて、進級するときにはこういう姿を目指していますなど、**子どもたちの発育や発達についてお伝えする園が多いと思います。**

年度途中の懇談会では、普通にお話しするだけの園もあれば、子どもたちの様子をスライドや動画で親御さんに見ていただくなど、園によって取り組みはいろいろです。

懇談会では、**保護者の方にご挨拶をお願いすることもあります。自由に自己紹介いただく場合もあれば、保育士がテーマを設けてお話しいただくこともあります。**入園して初めての懇談会では「何を話そうか」などと緊張する方もいらっしゃるかもしれませんが、当たり前ですがマウントを取るような場でもないので、**いつも通りお話しいただければ大丈夫です。**それでもあえてアドバイスをというのであれば、**自分のいたいポジションをイメージして挨拶をしてみる**のはどうでしょうか。園の行事や父母会に多くかかわりたい場合はそのことを積極的に話す、そうでない場合はやや控えめにしておくなどですね。しっかり者に見えると役割を回されることが増えるので、バランスを（笑）。

QUESTION 49

保育士さんとうまく
コミュニケーションを
とるコツは?

3割は子どもの話、
7割はどうでもいい話
をしましょう!

てぃ先生
現役保育士

教えてくれたのは…

送迎時は、お子さんの体調の変化など保育に必要なことはお伝えいただきたいですが、とくにいつもと変わりがないときには、**あえてどうでもいい話をする**のが僕はいいと思っています。

学生時代を思い返してみても、友達と仲良くなるきっかけは、算数や国語の話ではなく、**好きなアーティストやスポーツなど、学校とは関係のない趣味の話題が入り口ではなかったですか？**

保育士と保護者のコミュニケーションも根本は同じです。お子さんの様子を中心に話すことで信頼関係は築けますが、お互いを知ることがないままだと、なかなか腹を割って話すことができません。

個人面談でもそうですが、**気がかりなことや困り事ばかりを話す必要はまったくありません。**例えば、「子どもが最近お花が好きで、週末に植物園に行ってきた」などの話を聞けば、その子の興味関心を知ることができて、保育にも役立ちます。

さらに言えば、子どもの話ばかりではなく、**保育士って変わったデザインの靴下をよく履いているので、「先生、それかわいいですね」とか、「週末、誰々のライブに行ってきたんですよ」とか、そんなこともぜひ話してください。**感覚的には、子どもに関係ない話7割：園に関係する話3割ほどでもいいと思っているくらいです。

相手のことをよく知っていたほうが、ちょっと気になる程度のことも話しやすくなると思いますし、**「先生、忙しそうだから声かけにくいな」と気を遣いすぎることも減る**のではないでしょうか。

QUESTION 50

転園したいけど、
今の園で卒園まで
頑張ったほうがいい？

子どもが通園するのが
つらそうなら
転園を検討しても○

大豆生田啓友
玉川大学教育学部教授

教えてくれたのは…

前提として、**転園はそんなにするものではないと考えています。**子どもは保育園に友達ができると楽しくなってくるので、すぐ決断せず様子を見てもいいでしょう。ただ、**子どもが保育園に行くのがつらくて、それを親も感じているなら、転園を検討すべきだと思います。**

よくある転園のケースは、一斉指導型の園から、自由遊びが多い園に移る例です。園選びの際、親御さんが「〇〇の能力をつけさせたい」と考えて入園させたものの、子どもに合わず、通園するのがつらくなって転園するケースです。ただ、一斉保育型だからダメということではありません。問題は保育スタイルではなく、保育の質です。一斉保育型の園でもお子さんが楽しく通えているならもちろん問題ありません。

山下真実
子育て支援企業こころく代表

教えてくれたのは…

転園を決めたら、**すぐにでも自治体に問い合わせるなどして転園先の候補となる保育園の空き状況を確認**しましょう。認可園に空きがなければ、認可外園のリサーチもできるだけ早く始め、転園する時期も考慮しながら見学の予約を入れます。

転園の手続き方法は自治体によって異なりますが、**就労証明書や支給認定申請書など、入園時とほぼ同じ書類の提出が必要な場合が多いでしょう。**多くの自治体が転園のひと月前の10日頃を書類の提出期限としているので、そこから逆算して書類が整うように準備を進めます。また、見落としがちな点として、郵送ではなく窓口での書類提出が必須という自治体も。役所に足を運ぶ日程も確保して、転園のスケジュールを組みましょう。

QUESTION 51

先生の対応に疑問を感じたら、誰かに相談すべき？

そのままにはせず、主任さんや園長先生に相談しましょう

山下真実
子育て支援企業ここるく代表

教えてくれたのは…

「うちの子、おとなしくて手がかからないからか、後回しにされたり、放っておかれたりしていることが多い気がする」「先生の今の言い方はないのでは……」

確証はないけれど、先生の対応が気になる。かといって、先生に直接聞くこともできずにモヤモヤ。長い園生活の中では、先生に不安や疑問を抱くことがあるかもしれません。

園には子どもを預けている立場だし、あと何年も通うことになるから波風を立てたくないというマインドになってしまいがちですが、**もしかしたら、先生の対応によっては子どもが傷ついていることがあるかもしれません。あるいは、後々トラブルに発展する可能性もゼロではありません。**

一過性の場合もありますが、やはり気になることはそのままにせず、ほかの先生に相談するなどしたほうがいいでしょう。

気になることの中身や緊急度によって、誰に相談するかは変わってくると思います。**先生の態度やものの言い方などデリケートなことであれば、直接その先生に指摘するよりも、先生たちのまとめ役である主任の立場にいる先生や、園長先生に相談するのがよい**でしょう。

わが子のこととなると感情的になりがちですが、先生たちにもやむを得ない事情があってのことかもしれません。**先生に対するクレームという形ではなく、「こういうやり取りをよく目にして、ここが気になっているのですが」「こういうことを言ってらっしゃるのを聞いたのですが」など、相談する際は、冷静に事実だけを伝える**ことを心がけるとよいでしょう。

もっと聞きたい！ 専門家コラム 6

「不適切保育」の報道は なぜ増えているの？

最近しばしば目にするのが、「不適切保育」という言葉です。保育士が子どもを脅したり嘲笑《ちょうしょう》したりするなど、不適切と疑われる行為が発覚した……といった報道を見ると、お子さんを保育園に預けている親御さんは不安を覚えられるかもしれません。

「不適切な保育」とは、子どもの人権を守る観点から望ましくないと思われるかかわりを指します。その上で、暴力や心理的虐待と、そこまでは至らない不適切な行為とは分けて考える必要があるでしょう。

では、今、保育現場では不適切なかかわりが増えているのでしょうか。私はそうではないと思っています。むしろ子ども一人ひとりと丁寧にかかわり、質の高い保育を行う園や先生が増えています。それなのになぜ不適切保育が問題になるかというと、それだけ世の中の目が「まとも」になったということです。

2023年にこども家庭庁が発足し、「こども基本法」が成立しました。これは、子どもの人権、権利を重視するもので、子どもをひとりの尊厳ある人として尊重することでもあります。このような世の中の流れにおいて、「悪いことをしたら暗い部屋に閉じ込める」「給食を完食するまで何時間も見張る」といった、昔はしつけとされていたことが、やっと人権侵害だととらえられるようになりました。

不適切なかかわりが起きやすい背景には、子どもや先生に無理がかかりすぎているということもあると思います。例えば厳格にしつけを行おうとする園では、あれもこれもしつけだと怒ってばかりになるので、不適切なかかわりが増えやすくなります。また、「全員同じことができなきゃいけない」という方針の下では、子ども一人ひとり持っているものが違うのに同じようにできるはずはなく、ある子に対して不適切なかかわりが起こりやすくなるわけです。

保護者からの「しつけもしてほしいし、あれもこれもやってほしい」「行事はもっと華やかに」といった過剰なニーズがあればあるほど、先生にも子どもにも無理がかかってしまうことも忘れてはならないと思います。

しつけや見栄え、出来栄えといった、子ども目線ではない大人の要望が強く働くと、結局は子どもに無理がかかってしまいます。子どもが保育園という生活の場で心身ともに安全に過ごせるよう、「本当に子どもにためになることは何か」ということを、大人が考えなければなりません。

玉川大学教育学部教授 大豆生田啓友

第7章

性・ジェンダーに関するお悩み

QUESTION 52

子どもの性教育は何歳から必要？何を教えればいい？

5歳頃が性教育を始める目安です。まずは「プライベートパーツ」から教えて

今西洋介
新生児科医・小児科医

教えてくれたのは…

子どもはお友達とのかかわりなどからいろいろな知識や情報を吸収してきます。そうなると、「赤ちゃんってどこから生まれてくるの?」「男の子と女の子の体はなんで違うの?」と聞かれることもあるでしょう。各家庭の考え方によって回答は異なると思いますが、私は、**子どもを性被害から守るためにも、性教育は必要**だと考えています。

性教育を始めるのは親子でコミュニケーションがスムーズにとれるようになる頃がいいでしょう。年齢としては、5歳頃が目安です。今、世界的に広がっている「包括的性教育」(性の知識を教えるだけでなく、それを通じて相手の人権や同意を考えたり、多様性を学ぶこと)も5歳頃からとされています。

「何から教えたらいいかわからない」という方は、まずは**「プライベートパーツ」**について教えてください。プライベートパーツとは、**水着で隠れる部分+口のことです。「これらの部位はとても大切なところだから、自分でも大事にし、人に見せない」ということをまず伝えます。**そしてお友達や大人の体に触れるときには相手の同意がいるという**「同意教育」**もあわせて行いましょう。

口がプライベートパーツに含まれるのは、性犯罪で強引に触られたり、口腔性交をさせられたりする例のある部位だからです。口もプライベートな部位であることを子ども自身が理解しておく必要があります。

『だいじ　だいじ　どーこだ?』(大泉書店)など幼児が理解しやすい性教育の絵本もあるので、活用するのもいいと思います。

QUESTION 53

保育園や習い事の場で起こる子どもの性被害のニュースを見ると心配になります

「ふたつの武器」を使って守ることが重要

今西洋介
新生児科医・小児科医

教えてくれたのは…

子どもの性被害は表面化までに時間かかるという特徴があり、それには理由があります。

２０２１年に「子どもの性被害に特化した実務者」への調査が行われた結果、**加害者の多くが子どもと関係性のある人物であることがわかりました。**[*1] 子どもの生活に深くかかわる人物が加害者であった場合、**子どもは被害を打ち明けることで加害者に迷惑がかかるのではと心配したり、自分の生活基盤が揺らぐことを不安に思ったりします。**また、多くの子どもは性の知識をほとんど持たないため、受けた行為が加害であると認識できないことがあります。**よって顕在化しづらいのです。**

子どもを性犯罪から守るためには、保護者と社会が一体となることが必要です。社会的な取り組みとしては、「日本版ＤＢＳ(Disclosure and Barring Service)」制度が検討されています。保育園や幼稚園、学校で働く人が性犯罪歴がないことを証明するというものです。ただ、社会で守る態勢はまだ十分と言えないのが現実。残念ながら親がふたつの方法で「自衛」していく必要があります。

ひとつめは性教育です。正しい性の知識を身につけることで、被害に遭った場合に大人にＳＯＳを出すことができます。

ふたつめは子どもからのＳＯＳを親が見逃さず、専門機関に相談することです。受けた行為をそのまま親に伝える子もいますが、「お腹が痛い」など間接的にＳＯＳを出す子もいます。様子が違うと感じたら話を聞きましょう。思いがけないことを聞いたとしても、否定したり叱ったりせずに、辛抱強く傾聴することが重要です。

*1　飛田 桂「子どもの性被害への対応に関する実態調査」2021年
https://www.moj.go.jp/content/001345135.pdf

QUESTION 54

お迎えのときに子どもが園で自慰行為をしているのを目撃。注意していい？

怒らずに代わりになる方法を提案してあげて

今西洋介
新生児科医・小児科医

教えてくれたのは…

子どもの自慰行為は何かの反動ととらえましょう。**ヒマ、眠い、イライラした、むしゃくしゃしたなどの気持ちが自慰行為によって発散されている状態**です。性的な意味合いはなく、大人が嫌なことがあった日に買い物やカラオケでリフレッシュするのと同じようなものです。

親としてはつい「やめて」と行為を直接止めたくなるかもしれませんが、叱るのはもっとも避けるべき対応です。否定すると子どもが自慰行為をタブー視したり、罪悪感を持つことにつながります。また、ストレスを発散させる方法を失うと、自分の中にフラストレーションをため込んでしまいます。

まずは、触ったり何かに押し当てているところ（性器）は、とても大切な部分であることを教えてあげてください。その上で、「大切な部分を触っているとお友達がびっくりしちゃうから、おうちの外ではやめておこう」「汚れた手で大切な部分を触ると、バイキンが入るかもしれないから、手をきれいにしてからにしよう」などと提案してみましょう。

自慰行為に代わる行動を提案することも大切です。例えば、自慰行為の前兆が見られたら「〇〇ごっこしない？」や「公園へ行ってみない？」など、ストレス発散になる手段を伝えてみます。必ずしもうまくいくわけではないので、「うん！　やる！」**と子どもが乗りやすいものが見つかったら、家族間で共有し、さらに保育士さんにも伝えて、園でも気をそらせる声かけをしてもらうといいです。**意識を外に向けて、自慰行為以外で気持ちを切り替える術は大人になってからも生かせます。

QUESTION 55

異性のお友達とばかり遊びます。性同一性障害などの可能性を考えるべき?

保育園の段階では気にしなくて大丈夫。その子の好きに遊ばせて

教えてくれたのは…

今西洋介
新生児科医・小児科医

昔ほどではありませんが、大人のイメージで「男の子は男の子同士、女の子は女の子同士で遊んだほうが楽しい」と考えているところがありますよね。確かに幼児期後半くらいから、同性との遊びに楽しさを感じる子どもが多くなってきます。

ただ、**子どもの嗜好は普段接する人や環境によって大きく変わります。**兄弟の影響で戦隊ヒーローを好きになり、男の子と戦いごっこをするのが楽しい女の子もいれば、女の子向けのキャラクターや色柄が好きな男の子も多くいると思います。**遊びの種類や、お友達の性別について親が考えすぎず、本人がやりたいことを思いきりやらせてあげましょう。**

保育園の段階で性同一性障害であるか、同性愛者であるかなどを判断するのはとても難しいです。彼らはまだ成長途中で、誰を愛するかという性的指向も、もう少し成長したあとでないとわかりません。早くから生まれ持った性別に違和感を抱く子もいますが、ある側面だけを見て親が心配しすぎる必要はありません。

小さいうちからジェンダー平等を教えたいという親御さんもいますが、**この時期は、まず一人ひとりに「人権」があることを教えてあげることが大切です。**

伝え方はさまざまですが、例えば、親子でテレビを見ていて、女の子が家族のために尽くすことを美談としている表現に出合ったとします。そのときに、「女の子は家族のために頑張らなきゃいけないわけじゃないよ。彼女がどうしたいのかが大事なんだよ」というふうに話すのもひとつです。

もっと聞きたい！ 専門家コラム 7

保育園での
性教育事情は？

小中高校では2023年度から、子どもたちが性暴力の加害者、被害者、傍観者にならないための取り組みとして、「生命（いのち）の安全教育」がスタートしました。しかし、小学生未満の子ども、つまり保育園に通う子どもたちはその対象となっていないこともあり、園独自の取り組みとして行っているケースは別として、多くの園では、性教育のための時間をつくって教えるということは、基本的にしていないでしょう。

ただ、自分を守ったり、お友達を大切にするために「水着で隠れるところは自分だけの大切な場所だよ」「お友達の大切なところを触ったりしないよ」など、普段のやり取りの中で伝えることはあると思います。

文部科学省の「生命（いのち）の安全教育」を紹介するサイトには、実践事例集があります。幼稚園・保育園・認定こども園での取り組みとしては、プライベートパーツの紹介、自分だけの大事なところを触られたら、「嫌だと言う、逃げる、大人に話す」、などの対応策が紹介されています。

いくつかの園で実際に使われたスライドが掲載されていますので、わが子にきちんと伝える機会を持ちたいと考えていらっしゃる親御さんは、そちらをプリントするなどして各ご家庭で活用されるのもいいと思います。

参考：文部科学省「生命（いのち）の安全教育推進事業の取組に関する実践事例集」
「実践事例集（資料編別冊）〔幼稚園・保育園・認定こども園〕」
https://www.mext.go.jp/content/20230704-mxt_kyousei01-000014005_04.pdf

子育て支援企業ここるく代表 山下真実

第8章

幼児クラス（3歳児クラス以上）のお悩み

QUESTION 56

小学校入学までに
読み・書きを
身につけさせるべき?

焦らなくて大丈夫。
自治体のリーフレットや
入学の手引きを見てみよう

大豆生田啓友
玉川大学教育学部教授

小学校入学を意識し始めると、「読み・書きがまだまだできないけれど、今のうちに身につけなくて大丈夫？」と焦ってしまう親御さんがとても多いようです。

そんな悩みを持つ保護者に向けて、自治体がリーフレットをつくり、園や小学校説明会で配ることがあります。これらには、読み・書きに関する基準も記されていることが多いので、確認してみるといいでしょう。**五十音全部ができる必要はなく、「ひらがなで自分の名前が読めると安心」としている自治体が多いようですよ。**

それ以外は焦って教え込む必要はありません。親世代は自身の経験から「小学校に入ったら座って勉強し続ける」というイメージを持っていますが、学び方は変化しています。

自分が面白いと感じ、進んで学ぶ体験を重ねることが、小学校入学以降も重視されるようになってきています。

「周りの子ができて、自分ができていないと最初からつまずくのでは？」というのが多くの親が心配するところですが、**小学校1年生のうちは数字や文字を楽しみながら学べるようになっています。むしろ先取りをしていると学校の勉強がつまらなく感じたり、自ら興味のあることを探して進んで学ぶ、チャレンジするという力が弱くなってしまうこともあるのです。**

楽しい小学校生活をスタートさせるために大切なことは、幼児期にたっぷり遊ぶことです。遊びの中から興味関心を広げてさまざまなことを体験し、その力を小学校につなげていくと考えるのがいいでしょう。

QUESTION 57

増えるお友達とのトラブル。親も手助けしたほうがいい？

園で起きたことは親御さんがジャッジしないようにしてください

てぃ先生
現役保育士

教えてくれたのは…

お子さんが園でケンカをしたり、意地悪されたりして傷ついている様子が見られたら、「それは嫌だったね」「悲しい気持ちになったよね」など、**まずは子どもの気持ちを受け入れて、寄り添ってあげてください。**

どういう状況だったのかなど、子どもから話を聞いた際に、**絶対にやってはいけないのは、親がケンカの内容をジャッジすること。**お子さんに傷ができてしまっていたり悲しい顔をしていたら、パパやママが不安になる気持ちは痛いほどわかります。

でも、園での様子をパパやママは見ていないのですから、子どもの説明だけで、「○○くんひどいね」「△△ちゃんは悪くないよ」などとジャッジするのは危険です。

というのも、これは本当によくある事例で、「うちの子が○○くんにひっかかれた」と被害者の立場で腹を立てていても、**実は自分の子が先に手を出していたとか、その前にしつこく追いかけ回していたとか、原因がわが子にあるケースも少なくないのです。**

そうなるとあとで気まずい思いをしかねないので、保育士に詳しく内容を聞きたいときは、「うちの子がこう言っているのですが、先生、どういう状況だったか知っていますか?」などと、まずはフラットに尋ねるほうがいいと思います。

また、**園での出来事を保護者同士で解決するのもおすすめしません。**仲のいい保護者同士でもトラブルになる例が多くあります。**園で起きたことは、まず保育士に確認して、保育士を通して解決することがおすすめです。**

QUESTION 58

お友達のマネをして
言葉遣いが乱暴に……。
どうすればいい?

「ママはその言葉嫌だな」と親の正直な気持ちを伝えましょう

教えてくれたのは…

てぃ先生
現役保育士

少し前まで赤ちゃんだったはずの子どもから「バカ！」とか「ぶっとばすぞ」なんていう言葉が飛び出したら、パパママはびっくりして、「そんなこと言っちゃダメだよ」と注意したくなりますよね。

でも、**子どもは親が強く反応することで楽しくなってしまいますし、「ダメ」と言われたことをしたがります。専門用語ではカリギュラ効果と言いますが、大人でも、「見たらダメ」と言われたものほど覗き見したくなるものです。**子どもの場合は輪をかけて、自分に注目を集めたくてもっと言うようになってしまいます。

子どもに使ってほしくない言葉はさまざまあると思いますが、絶対に使ってほしくない**「死ね」「殺す」などの言葉には、子どもの目を見て、凛とした態度で「その言葉を使ってはいけない」ということを伝えます。普段の叱り方とメリハリをつけるのがポイントです。**「バカ」「ババア」などの乱暴な言葉に対しては、**「その言葉、ママは（パパは）好きじゃない」**と、親自身の気持ちを伝えることで、うまく解決のほうへ向かう子もいます。

子どもが大好きな**「うんち」「おしっこ」については過剰に反応せず、「うんちしたいの？」「おしっこならさっき行ったよ」など、普通の日常会話として流しましょう。**こうした冷静な対応を繰り返し、よい言葉が増えていく流れにできると○です。

よい言葉のときにこそすぐに反応して、よくない言葉のときにはリアクションを薄くすると、子どもは反応のよいほうを選ぶようになります。困ったら試してみてください。

QUESTION 59

同じクラスの子と
つい比べてしまう

「たんぽぽタイプ」の子と
「ランの花タイプ」の子がいて
どちらも素敵な個性です

大豆生田啓友
玉川大学教育学部教授

教えてくれたのは…

保育園生活を送っていると、同じクラスのお友達の様子もそれなりにわかるものです。そこで、ほかの子と比べて「○○ができない」「おとなしすぎる」などと心配になったり焦ったりすることがあるかもしれません。

親は子どもの育ちを心配するもので、ほかの子と比べてしまうのは正常なことです。ただ、**子どもは「自分らしさ」を肯定されて初めて、多くのことに挑戦していけます。「足りない」「できていない」といったメッセージばかり受け取ると、自分を認めることができません。**

親が子どものよい面に目を向けるためには、子どものタイプを知ることが助けになります。例えば、**人を大きくふたつのグループに分けると、「たんぽぽタイプ」と「ランの花タイプ」がいると言われています。**

「たんぽぽ」はいくら踏まれてもめげずに生きていくタイプ。「ランの花」は傷つきやすいタイプです。

「ランの花」タイプの子を持つ親御さんは、繊細な性格を心配しがちです。けれど、このタイプは**感受性が豊かで人の気持ちがよくわかったり、センスや知性があるときぐんと伸びたり、素敵な面が多くあるのです。**

反対に、「たんぽぽタイプ」の子を持つ親御さんは「うちの子乱暴？」などと心配されますが、**誰とでも楽しく遊べたり、周りを明るくする力があったり、こちらもよい面がたくさんあります。**

もちろん大まかな傾向であり、成長するにつれて変わることもありますが、タイプを知ることでポジティブな面に目を向けやすくなるかもしれません。

QUESTION 60

習い事はさせたほうがいい？ どんなものがベスト？

必ずしもいるものではありません。

子どもが楽しめて興味を持てそうなものが○

大豆生田啓友
玉川大学教育学部教授

教えてくれたのは…

保育園に通っていれば、**毎日の遊びの中で大事なことは十分にやれている**と考えてＯＫです。

新たな能力を獲得することよりも、子どもが夢中になってわくわくできることが重要です。**「電車が好きだから電車を見に行ってみよう」とか、「食虫植物が好きだから絵に描いたり、家で育てられるか調べてみよう」とか、家庭や保育園で探究心が育てることができていれば、それで十分です。**

ただ、お子さんが興味を持つ分野が「水泳」「楽器」など、家庭や園では体験できない場合もあるでしょう。そのときは、もちろん教室に通う選択肢があってもいいと思います。意欲的に取り組めることを見つけたら、お子さんも毎日がより楽しくなるかもしれません。

今は昔と比べて、地域の中で自由に遊び、遊びから学ぶという環境が減っています。**習い事を通じて新しいコミュニティーを獲得できることは、習い事のメリットのひとつです。**

習い事を検討するときに、**「子どもが本当に楽しめるものは何か」**ということを、フラットな目でジャッジする必要があります。例えばノリのいい英語の歌を聞かせたら、多くの子が楽しそうにするでしょう。それで「英語が好きかも？　英語教室に通わせてみよう」と考えるのはやや早計です。

さらに、**子どもは親が思う以上に「親の期待に沿いたい」という気持ちが強いものです。親がおすすめした習い事は、そんなに好きでなくても、無理して続けようとすることもあります。**お子さんが習い事に行く前後の様子を見て、負担になっていないかを見極めるといいでしょう。

Q.14
習い事について教えて！

60人の先輩パパママにアンケート！

多い習い事ランキング

1	水泳	13人
	体操	13人
2	公文式	9人
3	ピアノ・音楽教室	8人
	英語	8人
	ダンス	7人
	サッカー	5人
	バレエ	3人
	通信教育	3人
	幼児教室	3人
	テニス	2人
	空手	2人
	野球	2人
	学習塾	2人
	リトミック	2人
	知育教室	1人
	そろばん	1人
	新体操	1人
	チアリーディング	1人
	乗馬	1人
	ラグビー	1人
	バルシューレ	1人
	かけっこ教室	1人
	ハイハイや運動能力を促す教室	1人
	習字	1人
	アトリエ教室	1人
	ロボット教室	1人
	将棋	1人
	哲学教室	1人

何歳から始めた？

0歳～	3人
1歳～	3人
2歳～	6人
3歳～	14人
4歳～	10人
5歳～	8人
6歳～	5人
習い事なし	11人

ミキティさん

3歳になって急に「**スイミング**に行きたい」と言い出した。きっかけは近所の2歳上のお姉ちゃんが通っていたこと。クラスも時間帯も違うけれど、一度体験に行ったら楽しくてすぐに入会した。**チアダンス**もやりたがったが、近所には小学生のクラスしかなく現時点では断念。あまりやらせすぎても疲れてしまうので、ひとつだけにしている。オプションで習い事ができる幼稚園も多くてうらやましいと思うことも。

うどんこさん

2歳半くらいから、月0.5回ほど（不定期）**体操教室**に通っています。自由な教室で、ある道具で自由に遊んでいてもOK。気が向いたらみんながやっている内容に参加する。決められたことや、みんなで一緒にやりたくない、という息子には合っている。

ワンダランドさん

4歳半から**バレエ**を1年。子どもなので気分にムラがあり、やりたがらない・行きたがらないことも。月謝のことを考えるとイライラするので諦めが肝心。今は別の習い事（ダンス）にしようか子ども本人が悩み中。

佐々木さん

いろいろと見学に行きましたが本人がまったく乗り気にならず、何もせずにきてしまいました。最近**公文**に興味を持ってくれたため、5歳から1教科だけ通わせることになりました。

おしんこさん

3歳くらいから**ダンス**、**スイミング**、**こどもちゃれんじ**、**ヤマハ音楽教室**（すぐ辞めた）。5歳くらいで公文（宿題ができず2年もたずに辞めた）。

鳥さん

3歳後半～4歳は単発の**体操教室**などにちょこちょこ参加。4歳の今は、本当は**英語教室**に行きたいのだけど、よいところがなかなか見つからず体験止まり。

まききさん

上の子のときは、同じクラスのほとんどが長男長女で、みんな子育てに熱心だったというか、情報に踊らされていたというか、習い事の情報交換も活発でした。3歳から**トランポリンがメインの体操教室**、4歳から**サッカー**、年長になると公文などに通う子がたくさんいたので、私も気持ちが焦って**学研教室**に通わせていました。下の子のクラスは真逆で、私にも長男ほど熱量がなかったので、年長から**新体操**だけ習っています。

マシケンさん

3歳から**ピアノ**。同時期に水泳を始めたかったが激しく拒絶され様子見。本人はクラシックバレエを習いたいと言っている。

QUESTION 61

小学校入学までに身につけておかなきゃいけないことって?

保育園では少しずつ小学校入学を意識した保育を行いますが家では普段通りでOK

教えてくれたのは…

大豆生田啓友
玉川大学教育学部教授

保育園・幼稚園・認定こども園では、**2018年度から「幼児期の終わりまでに育ってほしい10の姿」を意識した保育を行っています。**「10の姿」とは、「健康な心と体」「自立心」「協同性」「道徳性・規範意識の芽生え」「社会生活との関わり」「思考力の芽生え」「自然との関わり・生命尊重」「数量・図形、文字等への関心・感覚」「言葉による伝え合い」「豊かな感性と表現」です。あくまで5歳児後半に見られるようになる姿であって、ここまで到達しないといけないというものではありません。

家庭では、「10の姿」についてそこまで意識する必要はありません。**子どもを否定する、本人がやる気ではないのに早くから勉強させる、この2点を行わないように気を付けて生活すれば大丈夫です。**

教えてくれたのは…

てぃ先生
現役保育士

保育園での取り組みとしては、**徐々にお昼寝をなくしていったり、椅子に座って活動する時間を長くしていくなどが一般的です。**「今から勉強します」「座りなさい」といったことではいい習慣にならないので、子どもの興味関心から机上遊びが楽しい状態をつくることが大事です。ブロック遊びなど**今まで床でしていた遊びをテーブルに移すだけでも、座る時間は延ばせます。**

最近は「自分から発言できること」がもてはやされる傾向にあり、焦る親御さんも多いのですが、**この世の全員がアウトプットに向いているわけではありません。人の話を聞いて自分の中で整理するのが好きな子もいます。**無理に「発言できるように」と頑張る必要はないと思います。

QUESTION 62

「小1プロブレム」*1 が心配です

*1 小学校生活になじめず問題が起こること

小学校生活へスムーズに移行できる「スタートカリキュラム」が始まっています

教えてくれたのは…

大豆生田啓友
玉川大学教育学部教授

小学校入学を控えると、親としてはうれしい半面、「うちの子、やっていけるのかな」と不安に感じることもあると思います。ニュースで「小学校でプログラミングの授業が始まる」「英語教育を小学校からスタート」というトピックを聞くと、焦ってしまう人もいるかもしれません。でも心配ありません。

今、小学校が進歩している地域がどんどん増えてきて、保育園・幼稚園・認定こども園と小学校の段差が少なくなっているところが多いのです。**文部科学省から「幼保小の架け橋プログラム」というものが出され、以前のように「小学校に入学したら45分間、座れるように」ではなく、幼児期の遊びを通して育ってきた意欲を持って入学し、「スタートカリキュラム」から始めるようになりました。**これは、国語、算数と教科ごとに45分間座って先生の話を聞くという授業ではなく、好きな遊びや生活にかかわることを中心に、教科横断で学ぶスタイルです。保育園とのギャップに戸惑うことなく小学校生活に入れるよう配慮されています。

親世代が小学校入学のときに感じたピリピリ感をイメージして心配しなくても大丈夫でしょう。地域や教師によっては旧態依然としたところもありますが、今は過渡期なので、長い目で見ることも必要です。

大事なのは、子どもが抱いている入学への楽しみやわくわくを、親と保育園でサポートすることです。**「○○ができないと小学生になれないよ」などとプレッシャーをかけるのは禁物です。**準備をするなら、生活リズムを整えるために、5歳児後半から早寝早起きの習慣をつけるといいと思います。

先輩ママ・パパに
聞きました

Q.15

お子さんが小学校に入学してどうですか？保育園との違いに驚いたことはありますか？

ギャップ大

ふうさん

とにかく**親の負担がアップ！**　手間と時間が保育園の比ではないです。今振り返れば、最初から一気にやらず、色々回っていなくても、**まずは元気に登校できればOK**くらいの割り切りが必要だったなと反省します。

コンパパさん

宿題が多すぎる!!!!

KKさん

もっと勉強させておけばよかった！　とは思います。というのも、小学生って勉強できない=自己肯定感の低下にもろにつながっていると感じるからです。算数がとくに苦手なようで、算数の授業がある日は学校に行きたがらないので、そのあたりも就学前にできることはあったかなと。

おかあさん

急に明日空のペットボトルとかお菓子の空き箱を持ってきてくださいと連絡帳に書いてあるのでびっくりします。

はなえさん

とにかく**驚くほどプリントが多く**、男子はなかなか難儀する場面が多いのではと思います。もらったプリントを出さない、なくす、出すべきプリントを提出しない、など（中学生になっても同じ）。

まききさん

上の子はいろいろと敏感な面があり、**学校では半ば強制的にみんな一緒のことをやらなければいけない**=自分の意見を聞いてもらえない=認めてもらえない=学校行きたくない、になった時期もありました。下の子も、入学直後は「**なんで小学校では折り紙の色を選べないの？**」など自由度が低くなってしまったことへの不満を漏らすことがよくありました。

ギャップ
小さめ

匿名希望さん

初めは何事も一緒に準備をして確認しますが、楽しそうであれば細かいことは気にせず、まずは、**「小学校って楽しい」という気持ちを持ってもらえるように**心がけていました。

プリまっぷさん

スタートカリキュラム開始直後に入学。**45分間じっと座っている授業はひとつもなく**、例えば算数でも積み木を積む、折り紙とハサミで作業など、子どもを飽きさせないよういろいろなことをさせるので、だまって座る訓練は無用です。**入学前のオリエンで「ひらがなの読み書きはできているといいかも」と言われた**ので、文字に興味があるお子さんだったら、就学前にやってもいいかもしれません。ただ、わが子のように文字に興味がないのに無理矢理やらせると、「文字を書くのが面倒くさい！」となってしまうので、何もしないほうがいいと思います。

学童

はなえさん

ふたりとも**学童は公立（校舎内にあるもの）**。でも小3までしか行かず（おばあさんたちがお世話するのが嫌だと）、娘に至ってはほぼ学童に行かず、家にいました。

M子さん

希望していた学童の空きがなく、**学童難民になりかけた**。保活のように早めに情報収集をするべきでした。

プリまっぷさん

地域の学童の状況をできるだけ早くキャッチアップしておくといいと思います。東京でも区によって抽選に当たった人しか利用できない、低学年しか利用できないなどのしばりがあります。入れない可能性があれば、「**働き方を変える**」「**民間の学童を検討する**」「**越境入学、私立小**（今は児童を集めるために学童併設が増えている）への入学を検討する」などを考えたほうがいいかもです。

小学校選び

MMさん

私の市は**学区外でも通える小学校**があって、そこは勉強や課外活動に力を入れていてとてもいい学校でした。小学生途中でそこに転校したのですが、入学時は**学区以外の選択肢があるとは思いもしなかった**ので、最初に調べておけばよかったなと思いました。

おしんこさん

卒業生が賢いと評判の小学校に入れるよう同じ地域内で引っ越したが、確かにしっかりした子が多く、子どももしっかりしてきたので、選べるなら小学校は選んだほうがいいかと。

匿名希望さん

通っていた保育園が学区外だったため、同じ学校に通う子がひとりもおらず、**学区内の保育園に通わせてあげればよかった**と後悔しています。

おすすめハック

ゆーきさん

イレギュラーなことが多いので、**年間カレンダーを取得したらすぐ入力**しておくことをおすすめします。

Cさん

こどもちゃれんじのサービスでお名前シールを無料でつくってもらえるものがあります。それを利用すると持ち物への記名にとても役立ちました。

匿名希望さん

ランドセルは年長の前半に購入。**ランドセル展示会**はおすすめ。

たまさん

- 男の子なら**サッカーユニフォーム素材の上下セット**（冬はジャージ上下）を3組買って登校着にしてしまう。
- **ひとことスタンプ**を買っておく（100均にもある）。
- 少し割高になっても**名前入りの鉛筆**を購入する。

りまきこさん

名前シールの重要性が増した。おはじき一つひとつにまでつけなければならず、各種サイズが必要。

保護者のつながり

夏みかんさん

同じクラスのママ友とLINEなどでつながっておけるとラクにはラクで、入学前からそうできれば安心かもしれないが、入学後、**公開授業のときなどに声をかけてつながる**などでも遅くはないと思う。

オタ森Davidさん

小学校になると、**つながりをつくるのが一層大変になる**。とくにパパは小学校で新しくつながりができたという人はPTA関連くらいでしか話を聞いたことがないので、保育園のうちに地元に友人をつくっておくのがおすすめ。

エピローグ

1年後
ママ見て〜
ちょうちょーしゃん
すごーい!!上手ー!!
パチパチ
パパ見て〜
パチパチ
天才〜!!上手ぅ〜!!
ほんとできることが増えたね
これも保育園のおかげだね
体調を崩す頻度も少なくなってきたしね
ナデナデ
事前にわかって準備してたから乗り切れたよね
親と子タオルは別々で
ゴシゴシ
突然の嘔吐も
はっ!!
ゲー
慌てず対処
さっ
さっ
次亜塩素酸ナトリウム液

週に1回のママパパ会議
保育園から呼び出しがきたら
月、木は私が行くわね
ほかは俺が行くぜ!!
そして何より大切なのが…
いつも一緒に悩んでくれてありがとう
こちらこそ
相手を思いやる気持ち
なんだかうまくやってるみたいだね
ん?
ひょこ
あっという間に過ぎる乳幼児期
お〜い
この本を参考にしたり
保育士さんに相談したりして
おーい
おーい
無理せず家族全員で乗り越えましょう!!
応援してるよ!!

Q.16
保育園に預けてよかったことはなんですか?

ふうさん
親族などを除いて、**自分以外の誰かが子どもと真剣に向き合ってくれるありがたさ**を実感しました。成長や病気なども見ていてくれ、話ができるのは本当にありがたかったです。小学校に入ったら「保育園はラクだった!!」とさらに実感しました。あとは**連絡ノート**は自分の日記として細々と書いていました。それが今読んでも面白く、当時の心境や成長などを残せたのはよかったです。自分の手帳などの日記は挫折するタイプなので、毎日提出する保育園用として継続できました。**一生の宝物**になりました。

夏みかんさん
非常によい保育園で、園長先生も担任の先生も子どものことを一生懸命考えてくれ、様子も教えてくれて、親が見ていないところでどんなふうに過ごしているのか、成長しているのか、知ることができたのはよかった。長女も次女も**楽しそうに通っていたことが保育園に通って(この園に通えて)よかったと思う一番の理由**。また、園長先生は働く親の味方という気持ちを持ってくださっている方だったので、0~6歳という大変な時期、一緒に子どもを見てくれる同志のような存在がいることは、**精神的に大きな支え**となった。

まききさん
先生方がとてもよい相談役になってくれたことです。長男長女とも0歳児から預けていますが、月齢ごとの心配なども先生に聞くと安心できました。離乳食の進め方、トイトレなども保育園と足並みを揃えて進めていくので、この子にはこのペースでというのがつかみやすく、不安なく進められたりもしました。また、看護師さん、用務の方、保育補助の方々ともたくさんお話をして情報を得られたし、みなさん本当に子どもをかわいがってくれて、子どもも園の大人の人たちが大好きで、**たくさんの人に見守られて子どもが育つことができた**ので、園に預けて本当によかったと思っています。

もりのさん
娘は言葉の発達が早いようで、小さい頃からお兄さんやお姉さんたちと一緒に遊ぶことでたくさんの刺激を受けているのかなと思っています。今では娘が遊んであげる側になり、小さいお友達がたくさん増えて、また成長を感じています。**制作物について一生懸命話してくれるのもうれしい**です。私が知らない手遊びの歌(「キャベツの中から」など)もたくさん歌って踊って見せてくれるのも本当にかわいいです。トイレ、お箸、その他もろもろ毎日たくさんのことを教えてくださる**保育園の先生方には本当に感謝**です。保育園に預けなければよかった! と思うことはひとつもありません!

KKさん

こんなこと言っていいかわからないですが、圧倒的に子育てから距離を置ける開放感が手に入ったことです。あとは、**保育園のママ友、パパ友と普通に親友になった**ことも大きいです。保育園に通わせることがなかったら出会うことがなかったので、感謝だなと。

もたいこまさこさん

保育園に預けたことにより、子どもと離れている時間ができたので、その間に**お互いに気持ちをリセットできている**のが一番預けてよかったと感じている。例えば登園前に大きなケンカをしても、お迎えのときは気持ちをリセットして「ごめんね」と言い合える。大きくなるにつれ友達同士のコミュニケーションも上手になり、自分の知らない子どもの姿や成長を感じられるときなど、保育園に預けてよかったと思う。**発表会や運動会で家での姿とはまた違うたくましい姿**を見ると感動する。

はなえさん

基本的に保育園にお任せだったので、自然に**ひらがなやカタカナが書けるようになっていた**のは感動しました。すごく感動したことで覚えているのは、息子が年長のときの、お迎えのある日のこと。私も知らない、**新しくできた公園へ、息子が「連れて行ってあげるね、ここだよ!」と、連れて行ってくれた**こと。歩いて5分くらいでしたが、親が知らない世界を子どもが広げてくれた気がしました。また、保育園の朝の歌みたいなやつで、皆で大きな声で「虹」を歌っている姿に、思わず涙が出そうになったのを覚えています。

佐々木さん

家では見せたことのないアニメの話や、聞かせたことのない曲を覚えて帰宅してくる姿を見ると、もう**子どもには子どもの世界があるのだなあ**と実感し、預けてよかったなと思います。友達とケンカしたり思い通りにいかず泣いている日もありますが、いろんなことを経験して人との接し方・かかわり方を身につけてもらえたらと思います。発語が遅いわが子ですが、園では頑張っておしゃべりしているそうです。**「今日はこんな言葉を言っていましたよ!」と先生方が教えてくれる**たび、とってもありがたい気持ちになります。

匿名希望さん

出産してすぐに引っ越し、周りに知り合いもいなかったので、**ママ友ができてうれしかった**。公立の園なので基本母たちもフルで働いており、境遇が似ているので話が合った。保育園児は勉強が出遅れると言われるが、就学前にありとあらゆる**自然とのかかわり、地域の人とのかかわりを持てた**ので、勉強よりも大切なことが学べた。また、季節問わずはだしなので、体がとても強くなった。

専門家のみなさんから
メッセージ

てぃ先生

生活や自分のために働いて保育園に預けると決めたのに、園生活で余計に悩みが増えたら本末転倒です。あまり難しく考えず、「子どものプロと一緒に子育てできてラッキー！」くらいのフラットな気持ちで通園してもらえたらうれしいです。

今《いま》西《にし》洋《よう》介《すけ》

子どもを保育園に行かせることでご自身を責めている人もいるかもしれません。でも、保育園はさまざまな刺激を与えてくれるところ。感染症のリスクはありますが、人間として最初の共同生活の場で得られるものはかなり大きいです。私も3姉妹の親として、保育園時代は友達関係やケガなどいろいろな問題にぶつかりながら、大変ではありましたが、子どもと一緒に考え、成長することができました。ぜひ親だけで子育てするのではなく、保育園も一緒になって「みんなで子育てする」という感覚を大事にしてください。

大《おお》豆《まめ》生《う》田《だ》啓《ひろ》友《とも》

お子さんが保育園に入るのはいろいろな不安があるでしょう。「この子の人生を決めてしまうかも」と焦ることもあると思います。大事なことは、子どもが自分のペースで自分らしく園に通えて、親御さんも無理なく過ごせることです。たくさんのことを望むよりは、「子どもも自分もわくわくできそう」くらいの気持ちで園選びに取り組まれるといいですよ。

山《やま》下《した》真《ま》実《み》

子どもが小学校高学年になり、保育園時代の友達と再会した際、ほかにはない特別な絆を感じました。成長著しい保育園の6年間で子どもは子ども社会の中で育ち合い、将来につながる人間関係を築いているということをぜひ知っておいてほしいです。

はる先生

初めての保育園ではわからないことが出てくると思いますが、なんでも担任の先生に聞いてほしいです。話すことが保護者と保育士の信頼関係につながるので、雑談でもいいのでたくさん話しかけてくださいね。保育園は楽しいことがいっぱい！　みなさんに会えることを楽しみにしています。

駒《こま》崎《ざき》弘《ひろ》樹《き》

子育ては親だけでやろうとしなくていいんです。子どもは親の子であるのと同時に、社会の子です。どんどん頼って子育てしてください。その中のひとつ、保育園はプロの保育士さんがいて、お友達がいて、栄養のあるごはんを食べられる、大変手厚いケアを受けられる場所です。病児保育もその社会の中のひとつで、保育園の延長線上にあるもの。病気で大変なときはぜひ頼ってみてくださいね。

主な参考文献・参考サイト

『子どもにもっと伝わるスゴ技大全 カリスマ保育士てぃ先生の子育てのみんなの悩み、お助け中!』てぃ先生（ダイヤモンド社）

『新生児科医・小児科医ふらいと先生の 子育て「これってほんと?」答えます』監修：今西洋介（西東社）

『非認知能力を育てる「しつけない」しつけのレシピ 0歳〜5歳児の生活習慣が身につく』大豆生田啓友・大豆生田千夏（講談社）

『子育てを元気にする絵本 ママ・パパ・保育者へ。』大豆生田啓友（エイデル研究所）

『子育てを元気にすることば ママ・パパ・保育者へ。』大豆生田啓友（エイデル研究所）

『マメ先生が伝える幸せ子育てのコツ』大豆生田啓友（赤ちゃんとママ社）

『これでスッキリ! 子育ての悩み解決100のメッセージ』大豆生田啓友（すばる舎）

『日本が誇る! ていねいな保育 0・1・2歳児クラスの現場から』大豆生田啓友・おおえだけいこ（小学館）

『保育園に入ろう! 保活のすべてがわかる本』山下真実（洋泉社）

『保育現場で役立つ 感染症最新マニュアル』総監修：三石知左子・監修：勝又すみれ（チャイルド本社）

『ママとパパの 赤ちゃんと子どもの病気・ホームケア事典』監修：岡本光宏（朝日新聞出版）

ふらいと先生のニュースレター
https://flight.theletter.jp/

内閣府「幼児教育・保育の無償化」
https://www8.cao.go.jp/shoushi/shinseido/musyouka/about/index.html

厚生労働省「子の看護休暇制度」
https://www.mhlw.go.jp/bunya/koyoukintou/pamphlet/dl/34_08.pdf

厚生労働省「インフルエンザQ&A」
https://www.mhlw.go.jp/bunya/kenkou/kekkaku-kansenshou01/qa.html

厚生労働省「保育所におけるアレルギー対応ガイドライン」
https://www.mhlw.go.jp/bunya/kodomo/pdf/hoiku03.pdf

公益社団法人日本小児科医会「小児救急医療情報ツール」
https://www.jpa-web.org/sharp8000/sharp8000_2.html#lis

日本小児皮膚科学会「こどもの紫外線対策について」
http://jspd.umin.jp/qa/03_uv.html

文部科学省「生命（いのち）の安全教育推進事業の取組に関する実践事例集」
「実践事例集（資料編別冊）〔幼稚園・保育園・認定こども園〕」
https://www.mext.go.jp/content/20230704-mxt_kyousei01-000014005_04.pdf

飛田 桂「子どもの性被害への対応に関する実態調査」2021年
https://www.moj.go.jp/content/001345135.pdf

Yamaguchi S, et al. CREPE Discussion paper No.76
https://t.co/35UkMVeXWJ

Special Thanks!

本書制作にあたり、11都府県（青森県、宮城県、栃木県、茨城県、千葉県、埼玉県、東京都、神奈川県、石川県、大阪府、徳島県）にお住まいの60名の先輩パパママから、熱のこもった体験談をお寄せいただきました。ご協力いただいたみなさまに御礼申し上げます。

あかねさん
あこさん
アヤノさん
あわゆうさん
あんちゃんさん
うちのたまさん
うどんこさん
うなぎさん
うのきさん
MMさん
M子さん
おかあさん
おがさん
おしんこさん
オタ森Davidさん
クニさん
KKさん
コンパパさん
さいちゃんさん
佐々木さん
さゆさん
30代夫婦さん
Cさん
shioさん
シモさん
Junさん
すーさん
たかまるさん
たまさん
ドリーさん
鳥さん
夏みかんさん
ネコ力さん
はなえさん
ひろさん
ふうさん
プリまっぷさん
ホーリーさん
マイコさん
まききさん
マシケンさん
まるさん
meatさん
ミキティさん
もえさん
もたいこまさこさん
もりのさん
ゆーきさん
ゆきえさん
ゆりこさん
りまきこさん
ワンダランドさん
匿名希望8名

STAFF（プライベートでの役割）

デザイン　喜來詩織 エントツ（2児の母）
イラスト　うのき（1児の父）
取材協力　今富夕起（2児の母）　高橋知寿（2児の母）
編集協力　杉本透子（1児の母）
編集　片山 緑 サンマーク出版（1児の母）

てぃ先生

現役保育士、育児アドバイザー。子育ての楽しさやお悩み解決法を発信するSNSは世の親から圧倒的な支持を集め、総フォロワー数は170万人を超える。全国での講演は年間50回以上。最近ではTV番組に出演したり、他園で保育内容へのアドバイスを行う「顧問保育士」を務めるなど、保育士の活躍分野を広げる取り組みにも積極的に参加している。名前の読み方は「T」先生。

X(旧Twitter):@_HappyBoy

YouTube:@tsensei

Instagram:@tsenseidayo

今《いま》西《にし》洋《よう》介《すけ》

新生児科医・小児科医、小児医療ジャーナリスト、一般社団法人チャイルドリテラシー協会代表理事。「ふらいと先生」としてSNSで小児医療・福祉に関する課題を社会に提起。漫画・ドラマ『コウノドリ』の取材協力を務める。NICUで新生児医療を行う傍ら、ヘルスプロモーションの会社を起業し、公衆衛生学の疫学研究を行う。三姉妹の父親。

X(旧Twitter):@doctor_nw

大《おお》豆《まめ》生《う》田《だ》啓《ひろ》友《とも》

玉川大学教育学部教授。専門は乳幼児教育学・保育学・子育て支援。青山学院大学大学院文学研究科教育学専攻修了後、青山学院幼稚園教諭等を経て現職。日本保育学会理事、こども環境学会理事。こども家庭庁「こども家庭審議会」(親会)委員および「幼児期までのこどもの育ち部会」委員(部会長代理)。NHK Eテレ『すくすく子育て』をはじめ、TV出演や講演活動など幅広く活動中。『非認知能力を育てる「しつけない」しつけのレシピ　0歳〜5歳児の生活習慣が身につく』(講談社、共著)ほか著書多数。

X(旧Twitter):@hiromame4

山《やま》下《した》真《ま》実《み》

子育て支援企業「株式会社ここるく」代表。関西学院大学、ミズーリ大学カンザスシティ校経営大学院卒（MBA）。出産を機に金融コンサルティングのキャリアから一転、2013年に起業し、レストラン等を託児つきで利用できるサービスを開始。2019年には「0歳からのモンテッソーリ教育～はじめの親子教室」をオープン。保活アドバイザーとしても定評がある。

はる先生

関東の私立保育園で働く保育士。小学生と保育園児の母。大学卒業後、12年間保育士として勤務。これまでに5園を経験し、現在の園では副主任を務める。SNSではトイレトレーニングや保育士の仕事、保護者からの困り事の伝え方などを中心に、「保育士が教える保活と保育園の気になること」を発信している。

Instagram：@hr_hoiku

駒《こま》崎《ざき》弘《ひろ》樹《き》

認定NPO法人フローレンス会長。2005年日本初の「共済型・訪問型」病児保育を開始。10年に「おうち保育園」、14年に障害児保育園「ヘレン」を開園。厚生労働省「イクメンプロジェクト」推進委員会座長、こども家庭庁「子ども・子育て支援等分科会」委員、「こども誰でも通園制度（仮称）に関する検討会」委員等の公職を兼任。近著に『政策起業家　「普通のあなた」が社会のルールを変える方法』（ちくま新書）。

X（旧Twitter）：@Hiroki_Komazaki

※掲載は特典を含む監修項目数の多い順です。

保育園一年生

2023年10月20日　初版印刷
2023年10月30日　初版発行

監修　てぃ先生・今西洋介・大豆生田啓友・
山下真実・はる先生・駒崎弘樹

発行人　黒川精一
発行所　株式会社サンマーク出版
〒169-0074　東京都新宿区北新宿2-21-1
03-5348-7800（代表）
https://www.sunmark.co.jp

印刷　中央精版印刷株式会社
製本　株式会社若林製本工場
校正　ディクション
DTP　alphaville

©Sunmark Publishing,Inc.,2023
Printed in Japan
定価はカバー、帯に表示してあります。
落丁、乱丁本はお取り替えいたします。
本書のコピー、スキャン、デジタル化等の無断複製は
著作権法上での例外を除き禁じられています。
ISBN978-4-7631-4086-9 C0077